講談社選書メチエ

673

言葉の魂の哲学

古田徹也

MÉTIER

はじめに

ある言葉の意味が分からなかったとしよう。たとえば、「いずい」という言葉だ。知り合いに聞くと、どうやら北海道や東北地方の方言らしい。早速、方言辞典などで調べて、次のような言葉に置き換えられることが分かる。

「窮屈」、「しっくりこない」、「収まりが悪い」、「歯がゆい」、「違和感がある」、「落ち着かない」、「居心地が悪い」

このように言葉を並べ、見渡し、反芻していくと、そのうちに「いずい」という言葉の感じが摑めてくるだろう。すなわち、最初は無意味な死んだ文字列のように思えたものが、いわば独特の表情を湛《たた》えた生きた言葉として立ち上がってくるだろう。

もうひとつ例を出してみよう。それは、言葉が逆に表情を失うケースである。たとえば、「今」という字をひたすらじっと見つめ続けたり、「今、今、今、今、今、今、……」という風に延々と書き続けたりすると、馴染みの言葉だったはずのものが突然、単なる線の寄せ集めのように見えてくることがある。これは一般に「ゲシュタルト崩壊」と呼ばれる、よく知られた現象だ。

言葉に魂が入ったように表情を宿し始めること。ありふれた馴染みの言葉がふと胸を打つこと。言葉の独特の響きや色合い、雰囲気といったものを感じること。あるいは、それらのものが急に失われ、魂が抜けて死んだように感じること。――そうした体験をどのように捉えればよいのか。また、そうした体験は我々の言語的実践にとって、ひいては我々の生活や社会全体にとって、いったいどのような重要性があるのか。本書はこの問題を探究する。

この問題は、言語をめぐる哲学的議論の文脈ではほとんど忘れられてきた。とりわけ、ゴットロープ・フレーゲ（一八四八―一九二五）の仕事に端を発する現代の言語哲学は、論理学上の研究を基にしているがゆえに、言葉の響きや色合いといったものを文の非本質的な付加物として扱う傾向が強い。この点について、フレーゲに私淑した哲学者ルートウィヒ・ウィトゲンシュタイン（一八八九―一九五一）は次のようにまとめている。

> 文の一般形式について問う際には次の事柄を考慮しよう。日常言語では、特定の文のリズム(Satzrhythmus)や、文の響き・色合い(Satzklang)がある。……他方、そうした文の響き・色合いというものは、我々が論理学において文と呼ぶものにとっては本質的なことではない。(PG: 78)

しかし、上述の体験があらゆる分野で等閑視されてきたわけではない。これから本書で見ていくように、たとえばフリッツ・マウトナー（一八四九―一九二三）は、フレーゲと全く同時期に、同じドイツ語圏で、言語それ自体を捉え返す先鋭的な議論を展開しているが、そのマウトナーは、色合いを失って情感などを得られない言葉は「死んだシンボル」であると述べている（第1章2―4：56頁）。また、本書でそれぞれ一章を割いて取り上げるウィトゲンシュタインとカール・クラウス（一八七四―一九三六）も、やはり同時代のドイツ語圏において、（マウトナーとは言語観に根本的な相違があるものの）言葉がそれ固有の表情を湛えたり、独特の雰囲気を纏《まと》ったりする契機に着目し、それを体験することの意味について思考をめぐらしている。

さらに、言語哲学の分野から離れてみれば、言葉の魂ないし生死をめぐる問題、すなわち、言葉がそれとして生き生きと際立ってくるのはいかにしてか――あるいは、言葉はいかにして生命を失うのか――という問題は、言葉それ自体に強い関心を寄せる者たち、それこそ作家や詩人にとって切実なものでありうるし、実際、まさにこの問題をテーマに様々な作品が生み出されている。

そのため、本書ではまず第1章で、言葉の魂を主題化した作品の代表例として、中島敦（一九〇九―四二）の「文字禍」と、フーゴ・フォン・ホーフマンスタール（一八七四―一九二九）の「チャンドス卿の手紙」という二つの小説を中心的に取り上げながら、本書で扱う問題の輪郭を明確にしていく。彼らは共に、言葉のゲシュタルト崩壊の現象を深刻な問題として扱い、言葉が死物と化す悪夢を描くなかで、現実の代理・媒体――しかも、本質的に不完全で、現実を不可避的に歪めてしまうもの――としての言語観を示している。

そして、続く第2章以下では、ウィトゲンシュタインとクラウスの言語論を主に取り上げていく。彼らは、言葉がふと際立って有機的なまとまりとして感じられる現象――ゲシュタルト崩壊ならぬ、いわばゲシュタルト構築の現象――に強く関心を寄せている。また、言語を現実の代理・媒体としてではなく、むしろ現実の一部として捉える見方を提示する点でも、彼らは共通している。そうした彼らの議論を追うことで、本書で扱う問題に対する回答の道が探られていくことになる。

その道筋は、言うなれば、現在では忘れられている言語哲学の鉱脈を掘り下げていく作業である。具体的には、本書はさしあたり、ウィトゲンシュタインの哲学の新たな側面に光を当てるものになる。彼は、言葉の魂について、また、言葉がにわかに際立ち、生き生きとした表情をもって立ち上がってくる体験について、繰り返し執拗に考察を重ねている。にもかかわらず、それらはたいていウィトゲンシュタインにとって否定的な論点しかもたないと見なされてきたか、あるいは単純に無視されてきた。本書ではむしろ、彼が手探りで進めたそうした考察自体の積極的な意義を取り出す。

そして、本書は、クラウスの言語論を本格的に取り上げ、その中身と意義について明らかにする稀な一冊でもある。クラウスもまた、言葉の生死という論点を、ウィトゲンシュタインに先んじて深く論じている。本書では両者の議論の共通性も示していくことになるが、その作業を通じて、ウィトゲンシュタインに対するクラウスの言語哲学上の影響を探る論考ともなるだろう。

とはいえ、そのような各作家・哲学者の取り上げ方や解釈の目新しさという専門的なポイントは脇に置いておくとしても、本書は、言語とはどのようなものかについて従来見逃されがちだった論点を示し、さらには、言語使用をめぐる一個の重要な倫理の存在を照らし出すものとなるはずである。それは、クラウスの言葉を借りれば、「言葉を選び取る」という、「最も重要でありながら、最も軽んじられている責任」である。

言葉のゲシュタルト構築という現象と、言葉が生命を得るという契機に着目することが、なぜ、言葉を選び取る責任という倫理に結びつくのか。また、なぜその責任が「最も重要」という話になるのか。その具体的な消息は、特に最終章の後半で実際に確かめてほしい。ただし、そこでは常套句というものの存在と機能が大きくクローズアップされるということだけ、簡単に予告しておきたい。当時、クラウスが直面し、また深く切り結んでいたのは、マス・メディアの言説やナチス・ドイツのプロパガンダに代表される常套句の氾濫であった。

クラウスは、人々の言語使用が常套句に塗り潰され、平板化し、言葉が死んでいくその過程に、言葉を選び取る責任が最も軽んじられている状況を見て取った。そして、その状況は彼にとって、人々が破滅へと接近している局面を示すものであった。彼は、このまま言葉の生命というものをないがしろにし、言葉を選び取る責任を果たさなければ、我々はやがて戦争になだれ込むことになるという、にわかには飲み込みがたい奇妙な警告を発した。しかし、その警告は実際のところ、正確な予言となった。というのも、彼がそう訴えたのは、一九二一年の初夏、常套句の権化たるアドルフ・ヒトラーがナチス内部で台頭する直前のことだったからである。

ヒトラーは『わが闘争』のなかで、「プロパガンダに学問の講義のような多面性を与えようとするのは間違っている」と述べている。他方、クラウスが——そしてウィトゲンシュタインも——言葉が生命を得る鍵として提示するのは、まさに、言葉が多面性を備えるという契機であり、その意味で、言葉がある種の多面体としてかたち《ゲシュタルト》を成すというゲシュタルト構築の契機にほかならない。

本書で主題的に扱う題材のほとんどは、時期的には二十世紀前半のおよそ五十年間のものであり、さらに地理的にも、中島敦以外の主要な登場人物の成長や活躍の舞台は、いわゆる「世紀末ウィーン」の圏内に集中している。その意味で、本書は言語に関する限られた思考の一断面を切り取っているに過ぎない。また、本書の結論部は、二度の世界大戦という時局とも深く結びついている。しかし、それにもかかわらず――あるいは、おそらくはそれゆえにこそ――本書で跡づける言語論は普遍性をもっている。その時代、その場所で確かに、言語をめぐってかつてないほど強い緊張が走り、言葉を用いることについての本質的に重要な問題が露わになったことを、これから確認していくことになるだろう。

本書の中身は次のようにまとめられる。中島敦とホーフマンスタールが、言葉から魂が抜ける体験を描いて言語不信を表明する一方で、ウィトゲンシュタインとクラウスは、むしろ言葉に魂が宿る体験に着目することで、言葉の豊饒な可能性を探る言語批判を展開している。すなわち、現実の生活の流れのなかで用いられる個々の言葉に注意を払い、吟味し、それらを相互的な連関の下で多面的に理解する実践である。そして、それが一個の極めて倫理的な実践にほかならないことを、彼らは見出すのである。

目次

凡例

一、参照・引用に際しては、巻末の文献表を指示する標準的な表記法を基本的に用いており、また、邦訳があるものはその頁数も併記している。たとえば、

(Hofmannsthal [1902] 1979: 461/101)

という表記は、文献表にあるHofmannsthalの著作(初版一九〇二年、参照・引用に用いた版一九七九年)の原著461頁および邦訳101頁を指示している。引用文は、邦訳のあるものについてはそれを参考にしているが、すべて新たに原文から訳し起こしているため、必ずしも邦訳の文言と一致していない。訳者の方々にはお詫びと御礼を申し上げる。

一、ただし、中島敦、ルートウィヒ・ウィトゲンシュタイン、カール・クラウスの著作については、それぞれ以下の表記法を用いている。

・**中島敦**:ちくま文庫版中島敦全集(一九九三年)の巻数・頁数を記載している。たとえば、(1:45)という表記は、同全集第一巻の45頁を指示している。

・**ウィトゲンシュタイン**、**クラウス**:以下に記載する略記号を使用している。参照・引用に際しては、節番号が振られている著作についてはそれを記載している。また、節番号が振られていない著作については頁数を記載し、邦訳があるものはその頁数も併記している。

一、引用文中で傍点等で強調してある箇所は、特に断りがない場合は、原著者自身がイタリック体等で強調している箇所である。

一、原文における旧仮名遣い・旧字体は、引用の際には現代仮名遣い・新字体にそれぞれ適宜改めている。

略記表（ウィトゲンシュタイン、クラウス）

※今回参照した版の出版年の後に角括弧で囲んで記載しているのは、実際の執筆時期や初版の刊行年である。

【ウィトゲンシュタイン】

B: *Briefwechsel mit B. Russell, G. E. Moore, J. M. Keynes, F. P. Ramsey, W. Eccles, P. Engelmann, und L. v. Ficker*, B. F. McGuiness & G. H. von Wright (Hg.), Suhrkamp, 1997.

BB: "The Blue Book" in his *The Blue and Brown Books*, pp. 1-74, Basil Blackwell, 1958 [1933-34].（『青色本』大森荘蔵訳、ちくま学芸文庫、二〇一〇年）

CV: *Culture and Value*, revised 2nd ed., G. H. von Wright (ed.), P. Winch (tr.), Blackwell, 1998 [1914-51].（『反哲学的断章——文化と価値』丘沢静也訳、青土社、一九九九年）

D: *Denkbewegungen: Tagebücher 1930-1932, 1936-1937*, I. Somavilla (ed.), Haymon, 1997 [1930-37].（『ウィトゲンシュタイン　哲学宗教日記』鬼界彰夫訳、講談社、二〇〇五年）

LC: *Lectures and Conversations on Aesthetics, Psychology and Religious Belief*, C. Barrett (ed.), Basil Blackwell, 1966 [1938-46].（『美学、心理学および宗教的信念についての講義と会話』〈ウィトゲン

シュタイン全集10〉藤本隆志訳、大修館書店、一九七七年)

LW1: *Last Writings on the Philosophy of Psychology, vol. 1,* G. H. von Wright and H. Nyman (ed.), Basil Blackwell, 1982 [1948-49]. (『ラスト・ライティングス』古田徹也訳、講談社、二〇一六年)

LW2: *Last Writings on the Philosophy of Psychology, vol. 2,* The Inner and the Outer, G. H. von Wright and H. Nyman (eds.), Blackwell, 1992 [1948-51]. (『ラスト・ライティングス』古田徹也訳、講談社、二〇一六年)

PG: *Philosophical Grammar,* R. Rhees (ed.), A. Kenny (tr.), Blackwell, 1974 [1930-34]. (『哲学的文法』〈ウィトゲンシュタイン全集3・4〉山本信・坂井秀寿訳、大修館書店、一九七五―七六年)

PI1: *Philosophical Investigations, Part I,* 4th ed., P. M. S. Hacker and J. Schulte (ed.), G. E. M. Anscombe, P. M. S. Hacker and J. Schulte (tr.), Wiley-Blackwell, 2009 [1936-45]. (『哲学探究』第1部、丘沢静也訳、岩波書店、二〇一三年)

PI2: *Philosophical Investigations, Part II (Philosophy of Psychology: A Fragment),* 4th ed., P. M. S. Hacker and J. Schulte (ed.), G. E. M. Anscombe, P. M. S. Hacker and J. Schulte (tr.), Wiley-Blackwell, 2009 [1947-49]. (『哲学探究』第2部、丘沢静也訳、岩波書店、二〇一三年)

RPP1: *Remarks on the Philosophy of Psychology, vol. 1,* G. E. M. Anscombe and G. H. von Wright (ed.), G. E. M. Anscombe (tr.), Blackwell, 1980 [1947]. (『心理学の哲学―1』〈ウィトゲンシュタイン全集補巻1〉佐藤徹郎訳、大修館書店、一九八五年)

RPP2: *Remarks on the Philosophy of Psychology, vol. 2,* G. H. von Wright and H. Nyman (ed.), C. G. Luckhardt and M. A. E. Aue (tr.), Blackwell, 1980 [1948]. (『心理学の哲学―2』〈ウィトゲンシュ

タイン全集補巻2〉野家啓一訳、大修館書店、一九八八年）

TLP: *Tractatus Logico-Philosophicus*, Routledge, 1922 [1912-18].（『論理哲学論考』野矢茂樹訳、岩波文庫、二〇〇三年）

Z: *Zettel*, G. E. M. Anscombe and G. H. von Wright (ed.), G. E. M. Anscombe (tr.), University of California Press, 1970 [1929-49].（『断片』菅豊彦訳、〈ウィトゲンシュタイン全集9〉、大修館書店、一九七五年）

【カール・クラウス】

A: *Aphorismen*, Christian Wagenknecht (Hg.), Suhrkamp, 1986 [1908-18].（『アフォリズム』〈カール・クラウス著作集5〉池内紀編訳、法政大学出版局、一九七八年）

DW: *Dritte Walpurgisnacht*, Christian Wagenknecht (Hg.), Suhrkamp, 1989 [1933-34].（『第三のワルプルギスの夜』〈カール・クラウス著作集6〉佐藤康彦・武田昌一・高木久雄訳、法政大学出版局、一九七六年）

S: *Die Sprache*, Christian Wagenknecht (Hg.), Suhrkamp, 1987 [1903-32].（『言葉』〈カール・クラウス著作集7・8〉武田昌一・佐藤康彦・木下康光訳、法政大学出版局、一九九三年）

第1章　ヴェールとしての言葉
――言語不信の諸相

本書で扱う事柄を取り出すのに格好の題材が、この国の作家・中島敦（一九〇九―四二）が最晩年に発表した「文字禍」と、オーストリアの作家フーゴ・フォン・ホーフマンスタール（一八七四―一九二九）が二十代後半の頃に発表した「チャンドス卿の手紙」という、二つの短編小説である。本章では、この二作品（および関連する作品群）が内包している言語をめぐる論点を浮かび上がらせていく。

第1節　中島敦「文字禍」とその周辺

1―1　「文字禍」あらすじ

中島敦の「文字禍」という小説は、「文字の霊などというものが、一体、あるものか、どうか。」（1：39）という一節で始まる。そのあらすじをまず紹介しよう。

紀元前七世紀、オリエント世界を統べたアッシリア帝国には、世界最古の図書館があった。そこには、楔形文字が刻まれた粘土板の書物が夥《おびただ》しい数収蔵されている。その図書館で、毎夜ひそひそと怪しい話し声がするという噂が立った。人々の議論や占いの結果、それは書物や文字の話し声に違いないと結論づけられた。ただ、文字の霊というものがあるとして、それがいかなる性質をもつのかが全く分からない。そのため、ときの大王アシュル・バニ・アパル（アッシュール・バニパル）の命で老博士ナブ・アヘ・エリバが召され、調査を行うことになった。
老博士は日夜図書館に通ったが、文字の霊について書かれたものは見つからない。そこで彼は、ひとつの文字を終日じっと凝視してみることにした。占いをする卜者《ぼくしゃ》は動物の骨や臓物などを凝視することですべての事象を直観するが、老博士はそれに倣ったのである。

その中《うち》に、おかしな事が起った。一つの文字を長く見詰めている中に、何時《いつ》しか其《そ》の文字が解体して、意味の無い一つ一つの線の交錯としか見えなくなって来る。単なる線の集《あつま》りが、何故、そういう音とそういう意味とを有《も》つことが出来るのか、どうしても解らなくなって来る。老儒《ろうじゅ》ナブ・アヘ・エリバは、生れて初めて此の不思議な事実を発見して、驚いた。今迄七十年の間当然と思って看過していたことが、決して当然でも必然でもない。彼は眼から鱗の落ちた思《おもい》がした。単なるバラバラの線に、一定の音と一定の意味とを有たせるものは、何か？ ここ迄思い到った時、老博士は躊躇《ためらい》なく、文字の霊の存在を認めた。魂によって統べられない手・脚・頭・爪・腹等が、人間ではないように、一つの霊が之を統べるのでなくて、どうして単なる線の集合が、音と意味とを有つことが出来ようか。（同41）

この発見を機に、老博士は街に出て、最近文字を覚えた人々に声を掛けては、文字を知る以前に比べて何か変わったような所はないかと、根気よく尋ねてまわった。すると、職人は腕が鈍り、戦士は臆病になり、猟師は獅子を射損なうことが多くなったという。以前より目が見えづらいという者、手が不器用になったという者、脚が弱くなったという者も多い。女を抱いても一向に楽しくなかったという訴えなどもある。老博士はそうした調査の結果、文字とは物の影のようなものではないか、と考えるようになった。たとえば「獅子」という字は、本物の獅子の影ではないのか。それで、この字を覚えた猟師は、本物の獅子の代わりに獅子の影を追うのではないか。また、「女」という字を覚えた男は、本物の女の代わりに女の影を抱くようになるのではないか。彼は振り返る。文字の無かった昔は、「歓びも智慧《ちえ》もみんな直接に人間の中にはいって来た。今は、文字の薄被《ヴェイル》をかぶった歓びの影と智慧の影としか、我々は知らない」(同43)。

ある日、老博士の許を若い歴史家イシュデイ・ナブが訪ねてきた。青年はこう問う。ある大王がある期間に何をしたかということだけでも、様々な説があり、歴史書によって述べていることが違う。では、歴史というのは、昔あった事柄をいうのだろうか、それとも、粘土板の書物に刻まれた文字のことをいうのだろうか、と。老博士はこれに対して、歴史とは昔あった事柄であり、かつ粘土板に記されたものである。この二つは同じことなのだ、と答える。

書洩《も》らしということもあるのではないか、と青年は問う。老人は答える。「書洩らし？ 冗談ではない、書かれなかった事は、無かった事じゃ。芽の出ぬ種子は、結局初めから無かったのじゃわい。歴史とはな、この粘土板のことじゃ。……文字の精霊共の恐しい力を、イシュデイ・ナブよ、君はまだ知らぬと見えるな。文字の精共が、一度或る事柄を捉えて、之を己の姿で現すとなると、その事柄は最早、不滅の生命を得るのじゃ。反対に、文字の精の力ある手に触れなかったものは、如何なるものも、その存在を失わねばならぬ。……古代スメリヤ人が馬という獣を知らなんだのも、彼等の間に馬という字が無かったからじゃ。此の文字の精霊の力程恐ろしいものは無い。君やわしらが、文字を使って書きものをしとるなどと思ったら大間違い。わしらこそ彼等文字の精霊にこき使われる下僕《しもべ》じゃ」（同46－47）。

老博士の見るところ、この青年は、文字に親しみ過ぎて、その霊の毒気にあたってしまったのだ。好物も食べ過ぎれば当分は見たくもなくなるように、「文字に親しみ過ぎて却《かえ》って文字に疑を抱くことは、決して矛盾ではない」（同）。そう診断する老博士だが、青年が帰ると、頭を抱えて考え込んでしまった。「今日は、どうやら、わしは、あの青年に向って、文字の霊の威力を讃美しはせなんだか？　……わし迄が文字の霊にたぶらかされおるわ」（同47－48）。

実際、もう大分前から、文字の霊が或る恐しい病を老博士の上に齎《もたら》していたのである。それは彼が文字の霊の存在を確かめるために、一つの字を幾日もじっと睨み暮した時以来のことである。其の時、今迄一定の意味と音とを有っていた筈《はず》の字が、忽然《こつぜん》と分解して、単なる直線どもの集りになって了《しま》ったことは前に言った通りだが、それ以来、それと同じ様な現象が、文字以外のあらゆるものに就いても起るようになった。彼が一軒の家をじっと見ている中《うち》に、その家は、彼の眼と頭の中で、木材と石と煉瓦と漆喰との意味もない集合に化けて了う。之がどうして人間の住む所でなければならぬか、判らなくなる。人間の身体を見ても、其の通り。みんな意味の無い奇怪な形をした部分部分に分析されて了う。どうして、こんな恰好をしたものが、人間として通っているのか、まるで理解できなくなる。眼に見えるものばかりではない。人間の日常の営み、凡《すべ》ての習慣が、同じ奇体な分析病のために、全然今迄の意味を失って了った。最早、人間生活の凡ての根柢が疑わしいものに見える。(同48)

博士は、このまま文字の霊の研究を続けていれば自分がおかしくなってしまう、仕舞いには命を取られてしまうと恐怖した。そのため、早々に研究を切り上げ、結果を大王に献じることにした。そして、若干の政治的意見をそこに付した。いまやこの国は文字の精霊に完全に蝕《むしば》まれているが、気づいている者はほとんどいない。いますぐに文字への闇雲な崇拝を改めなければならない、と。

文字の霊が、この讒謗《ざんぼう》者をただで置くわけがない。老博士は、当代一流の文化人である大王の不興を買い、即日謹慎を命じられた。老博士はこれが文字の霊の復讐であることを悟った。しかし、それだけでは終わらなかった。大地震が起こり、そのときたまたま自宅の書庫にいた老博士を、夥しい数の書物が襲った。「数百枚の重い粘土板が、文字共の凄まじい呪の声と共に此の讒謗者の上に、落ちかかり、彼は無慙《むざん》にも圧死した」(同49)。

1—2 現実を覆う言葉、世界との親密さの喪失

以上が、「文字禍」のあらすじである。ひとつの文字をずっと見つめていると、それまで一定の意味と音をもっていたはずなのに、突然、いわばかたちをなくし、単なる無意味な線の集まりにしか見

えなくなる。この種の現象は、現在では一般に「ゲシュタルト（Gestalt: かたち）崩壊」と呼ばれ、ゲシュタルト心理学を源流のひとつとする認知心理学の分野で注目されてきたものだ（Faust 1947; etc.）。

この現象をめぐっては、たとえば夏目漱石の小説『門』（一九一〇年）の出だしにも関連する叙述が見られる。その箇所を引いてみよう。

……宗助は肱《ひじ》で挟んだ頭を少し擡《もた》げて、

「どうも字と云うものは不思議だよ」と始めて細君の顔を見た。

「何故」

「何故って、幾何容易《いくらやさし》い字でも、こりゃ変だと思って疑ぐり出すと分からなくなる。この間も今《こん》日《にち》の今《こん》の字で大変迷った。紙の上へちゃんと書いて見て、じっと眺めていると、何だか違った様な気がする。仕舞には見れば見る程今《こん》らしくなくなって来る。──御前《おまい》そんな事を経験した事はないかい」

「まさか」

「己《おれ》だけかな」と宗助は頭へ手を当てた。

「貴方どうかしていらっしゃるのよ」

「やっぱり神経衰弱の所為《せい》かも知れない」

「そうよ」と細君は夫の顔を見た。夫は漸く立ち上った。

宗助の妻はこれまでゲシュタルト崩壊とは無縁だったようだが、彼女も含め、読み書きができる人なら基本的に、やり方さえ分かればこの現象を体験することができる。「今」という文字を凝視し続けたり、あるいは、この文字を延々と書き続けたりすることによってである。

『門』でも「文字禍」でも、主人公はゲシュタルト崩壊を自身の精神の変調と結びつけている。この点については後の1―4で触れることにしよう。ここで注目したいのは、この現象の体験が老博士に与えた具体的な影響である。

文字が、ゲシュタルト崩壊によって無意味な線の集まりになってしまうこと。（たとえば、「今」という文字が、以前は確かにもっていたはずの意味や、「いま」「こん」等の音とのつながりを失ってしまうこと。）老博士はこれまで、文字とその意味や音とが結びついていることを当然と見なして顧みることもなかったが、ゲシュタルト崩壊を体験することによって、実はそうではなかったと初めて気づく。彼は、文字はそれだけでは紙や粘土板に記された単なるバラバラな線に過ぎないということ、そして、文字とその意味や音との結びつきは、実は必然的なものではなく偶然的なものに過ぎないということに気づいたのである。

では、バラバラな線に特定の意味と音とをもたせるものは何なのか。彼はこう自問すると、すぐに、それは文字の霊に違いないと得心する。たとえば、手や脚、頭、爪、腹などの身体の各部位は、それだけではバラバラの物体に過ぎず、一つの魂によって統べられてはじめて一人の人間となる。これと全く同様に、一つの霊が統べるのでなくて、どうして単なる線の集合が音と意味をもつことができようか。そう彼は考えるのである。

元々は無意味な線に過ぎない文字は、霊が宿ることではじめて特定の意味と音をもつ。我々が文字を理解し、使いこなすことができているのは、実は霊の力によるものだ、ということである。ただし、老博士の見るところ、その力は我々に好事をもたらすものではない。我々が文字に親しみ、現実の事物を言葉によって捉えるようになると、その後はそれらの事物と間接的にしかつながり合えなくなる。たとえば、「獅子」という文字を覚えた猟師は、本物の獅子の代わりに獅子の影を追うようになる。また、「女」という文字を覚えた男は、本物の女の代わりに女の影を抱くようになる。老博士によれば、文字とは現実の事物に掛けられたヴェール、あるいは、ヴェールに映る事物の影のことである。彼は言う。かつては歓びも知恵もすべて直接人間のなかに入ってきたが、いまでは、ヴェールを被った歓びの影と知恵の影を知るに過ぎないと。世界との直接の結びつきが断たれ、常に文字を媒介にするようになって、人間と世界との関係はどこかぎくしゃくとした、ぎこちないものになったと、老博士は診断するのである。

しかし、だからといって、文字を棄てることは困難である。彼は、歴史家の青年が訪問したあたりから、自分たちがすでに文字に絡め取られ、支配されていることを悟り、そのことに怯えるようになる。青年が彼に打ち明けた悩みは、かつて何が起こったのかについて歴史書によって言うことが違う、というものである。では、歴史とは、昔あった事実のことをいうのか。それとも、粘土板の書物に刻まれた文字のことをいうのか。そう青年は尋ねる。老博士は、書かれなかったことは無かったことだ、歴史とは粘土板のことだ、と答える。一度ある事柄が文字で表されると、その事柄は不滅の生命を得るが、反対に、文字で表されなかった事柄は存在を失う以外にない。書かれた出来事や物だけを我々は知っており、その意味で、我々は文字に支配されている。我々が文字を使って書きものをしていると思ったら大間違いであり、実際には我々こそが文字の霊にこき使われる下僕である、云々。しかし、青年が帰ると彼は、今日自分は文字の霊の威力を讃美してしまったのではないかと頭を抱えてしまう。

つまり、彼は、一方では自分たちの知識や思考が文字なしでは立ち行かないことを理解しつつ、他方では、その状態に甘んじることができない。文字で表されなかったものは存在を失うにもかかわらず、文字で表されたものには直接触れることができなくなる。それがもどかしいのである。

以上のように、「文字禍」という物語が〈文字のゲシュタルト崩壊〉という現象をきっかけに描き出すのは、まず、現実の諸事物が文字で表され、それらがいわば言語的なもの、、、になる事態が蔓延している、というモチーフである。そして、その蔓延の結果として、世界との親密さがいまや喪失している、というモチーフが示される。こうしたモチーフは、自己や生や世界について中島敦が抱いている基本的な感触と一致するものだと言えるだろう。とりわけ、後者の〈かつてあった親密さとその喪失〉あるいは〈喪失した親密さへの渇望〉というモチーフは、「文字禍」以外の中島の作品にも広く認めることができる。たとえば、彼の出世作となった『光と風と夢』では、世界と直接交わり、ものを深く親密に感じることへの欲求がこう綴られている。「本当に、直接《じか》に、心に沁《し》みて感じられるもの、それのみが私を、（或いは芸術家を）行為にまで動かし得るのだ」（1：165）。

また、中島が二十四歳頃（一九三三年頃）から書き連ねていた私小説的な習作「北方行」では、自らを投影させた主人公・三造に、次のように語らせている。

> いつのころからか、彼は、自分と現実との間に薄い膜が張られているのを見出すようになった。そして、その膜は次第に、そして、ついには、打破り難いまでに厚いものになって行った。彼は、その、寒天質のように視力を屈折させる力をもつ、半透明な膜をとおしてしか、現実を見ることができなくなって了《しま》った。彼は、ものに、現実に、直接触れることができない。彼がものに触れ、ものを見、又は行為する場合、それは、彼の影がものに触れ、ものを見、又は行為するのである。（３：132－133）

「文字禍」では影と化しているのはものの方であり、この「北方行」では自己の方が影になっているという相違はあるものの、どちらの作品においても、膜ないしヴェールを隔てて現実の世界との親密な交渉が失われてしまったという意識は通底している。[1]

現実に直接つながり、生きていることの実感を得たい。しかし、どうしてもそこに近づけない。「北方行」の三造は、その焦る思いをこう言葉にしている。

> 生きている、とは、どういうことか。人はそれを知ることはできない。只、感じ得るばかりだ。そして、その真実の生命の焔を常に全身の脈管に感じつつ、生きて行く事こそ、人間の、というよりは生物の、――理窟も何もない――本然なのではないか。（同134）

しかし、そう自分にいくら言い聞かせても、その「真実」や「生命」といった抽象的な言葉(概念)が空虚に響く。言葉は現実のものそれ自体ではなく、言葉による表現は事実を間接的にしか捉えられないのである。

彼にはむしろ、言葉というものの、非直接的な表現能力がまだるっこいのだ。「真実」といい、「生命」といい、これらが事実そのものに比べて、何という空疎な概念的な響しか伝えないことか。(同)

1―3 存在の不確かさ

どんな事物も言葉を媒介にし、「獅子」や「虎」といった言葉の下で捉えられていく。世界との親密さが失われ、その手応えをはっきりと得ることができない。「文字禍」の終盤で描かれるのは、その行き着く先の悪夢である。

老博士は、自身が蝕まれていった、ある「恐ろしい病《やまい》」について語る。彼は、文字のゲシュタルト崩壊を体験して以来、それと同じような現象を文字以外のあらゆるものについても体験するようになった。たとえば、家をじっと見ていると、木材と石と煉瓦と漆喰との意味もない集合に化けてしまい、これがどうして人間の住む所でなければならないのか分からなくなる。人間の身体も、意味のない奇怪な形をした部分の集合に見えてくる。同様に、他のあらゆる物、日常の営み、すべての習慣が、いままでの意味を全く失い、もはや、人間の生活のすべての根底が疑わしいものに見えてしまう。

重要と思われるのは、そうした事態の引き金となった文字のゲシュタルト崩壊は、文字に親しみ過ぎ、近づき過ぎることによって生じた、という点である。それを老博士は、「文字に親しみ過ぎて、其《そ》の霊の毒気に中《あた》った」（1：47）と表現している。その「毒気」を抜くには、文字と距離を置くしかない。それゆえ彼は、文字への崇拝を改めるように大王に進言する。文字から遠ざかることによって、意味の喪失が生活全体に波及していく事態を食い止めようとするのである。

ところで、ゲシュタルト崩壊の全面化という、終盤のこの恐ろしい事態からは、「文字禍」とほぼ同時期の一九三八年にフランスで発表されたジャン＝ポール・サルトル（一九〇五—八〇）の小説『嘔吐（*La Nausée*）』（Sartre 1938）の内容を想起する向きもあるだろう。[2]『嘔吐』の主人公ロカンタンは、海辺で小石を拾ったときに気持ちの悪さ（むかつき、吐き気）を覚えて以来、次々に同様の異変に襲われ出す。たとえば、知り合いに挨拶されても、知らない顔——あるいは、ほとんど顔とも言えないもの——に見えて、誰なのか分からない。鏡に映った自分の顔も、表情をもたない無意味な塊に見える。その他、フォーク、ドアの掛け金、紙切れ、サスペンダー、ワイシャツ、コップ、等々、普段はまさにそのような言葉で把握できていたはずの周囲のものたちが、よそよそしい不可解な何かとして立ち上がってくるのである。

ゲシュタルト崩壊が生活全体を覆い尽くしていく過程自体は、この『嘔吐』も、それから「文字禍」も同じである。両作品の違いは、さしあたり、後者においては文字のゲシュタルト崩壊がその悪夢のきっかけないしは象徴になっている点である。[3]中島は他の作品群においても同様の過程を描写しているが、そのなかからひとつ、「北方行」と同じく私小説的な色彩の濃い「狼疾記」の一節を引いてみよう。

> 三造の考えは再び「存在の不確かさ」に戻って行く。
> 彼が最初に斯《こ》ういう不安を感じ出したのは、まだ中学生の時分だった。丁度、字というものは、ヘンだと思い始めると、——その字を一部分一部分に分解しながら、一体此の字はこれで正しいのかと考え出すと、次第にそれが怪しくなって来て、段々と、其の必然性が失われて行くと感じられるように、彼の周囲のものは気を付けて見れば見る程、不確かな存在に思われてならなかった。それが今ある如くあらねばならぬ理由が何処にあるか？　もっと遥かに違ったものであってもいい筈だ。おまけに、今ある通りのものは可能の中での最も醜悪なものではないのか？
> （2：232）[4]

たとえば、「今」という文字がこういうかたちをしていることに必然性はない。つまり、全く別の線がその意味をもっていてもよかったのである。それと同様に、他のあらゆるものも、それがいまあるようにあらねばならない理由はない、いま偶然こうあるに過ぎない、と三造は感じ出す。そしてその意識は、自分の周囲の対象だけでなく自分自身にも否応なく向けられる。自分は熱帯に生まれて暮らすこともできたのではないか。時代を異にした地球上に住む存在、あるいは、他の遊星に住む存在に生まれてくることもできたのではないか。[5] そう三造は問う。「其の正体が解らない故に我々が恐怖の感情を以て偶然と呼んでいるものが、ほんの一寸《ちょっと》その動き方を変えさえしたなら、そのような事が自分に起らなかったと誰が言えよう。そして、若《も》しも自分が其の様な存在に生れていたとすれば、今の自分には見ることも聞くことも、乃至《ないし》は考えることも出来ないような・あらゆる事を見、聞き、考えることが出来たであろう」（同231）。

　これと同様の問題は、中島が「文字禍」とほぼ同時期に書いた小説「悟浄出世」においても扱われている。この作品の主人公である沙悟浄も、当たり前と思っていたものが異質なものに感じられる感覚に襲われ、当然視していた日常の世界が崩壊する事態に直面している。「今迄《いままで》当然として受取って来た凡《すべ》てが、不可解な疑わしいものに見えて来た。今迄纏《まと》まった一つの事と思われたものが、バラバラに分解された姿で受取られ、その一つの部分部分に就いて考えている中《うち》に、全体の意味が解らなくなって来るといった風だった」（2：117）。

　この事態のただなかで沙悟浄が問うのは、やはり、自己と世界の存在の不確かさ、偶然性である。「何故俺は俺と思うのか？　他の者を俺と思うても差支えなかろうに。俺とは一体何だ？」（同118）。「自分の凡て予見し得る全世界の出来事が、何故に（経過的な如何にしてではなく、根本的な何故に）その如く起らねばならぬか」（同138）。彼はこの煩悶を抱いて彷徨し、思索を重ねる。それは、「自己、及び世界の究極の意味」（同123）を求める思索にほかならない。

この物語の終盤には、「思索による意味の探索以外に、もっと直接的な解答《こたえ》があるのではないか」（同136）という発想上の転機が沙悟浄に訪れる。「自分は、そんな世界の意味を云々する程大した生きものではない」と思い至り、「そんな生意気をいう前に、とにかく、自分でもまだ知らないでいるに違いない自己を試み展開して見ようという勇気が出て来た。躊躇する前に試みよう。結果の成否は考えずに、唯、試みるために全力を挙げて試みよう」（同141）――そう彼は決意する。そして、彼のこの心境の変化と呼応するように、観世音菩薩《かんぜおんぼさつ》が彼に語りかける。「世界は、概観による時は無意味の如くなれども、其の細部に直接働きかける時始めて無限の意味を有つのじゃ」（同144）。「先ずふさわしき場所に身を置き、ふさわしき働きに身を打込め。身の程知らぬ『何故』は、向後一切打捨てることじゃ」（同144―145）。彼はこの菩薩の導きに従い、やがて玄奘《げんじょう》（三蔵法師）の供となって、天竺行きの難業に打ち込むことになる。

この、沙悟浄が救済を得るくだりは、「文字禍」において老博士が辿る無残な運命と対照的である。老博士は、文字と距離を置くように大王に訴え、そのために処罰までされたにもかかわらず、地震のあった日にいたのは、夥しい書物が積まれた書庫のなかだった。周囲のものすべてがバラバラに解体し、無意味な死物と化したことに恐怖した彼は、しかし、沙悟浄のように意味への問いから離れることができなかったのだろう。彼は相変わらず文字に溺れた。そして、彼は最後には、自分を取り囲む書物たちに潰されて死ぬという、象徴的な結末を迎えることになるのである。

また、沙悟浄も、意味への問いを完全に忘れられたわけではない。天竺行きの途上でも、「まだすっかりは昔の病の抜け切っていない」（2：147）彼は、最後にこう独り言をつぶやく。「どうもへんだな。どうも腑に落ちない。分らないことを強いて尋ねようとしなくなることが、結局、分ったということなのか？　……どうも、うまく納得が行かぬ」（同）。

１―４　文字はどうすれば息づき始めるのか

自分自身も含めて、世界のすべてが現実感のないよそよそしいものに感じられる。意味もなくいま偶然こうあるに過ぎないもの、必然性のない不確かなものに思えてくる。先に見たように、『門』の主人公・宗助は、自分がゲシュタルト崩壊を頻繁に体験するのは神経衰弱のせいだと推測しているが、その宗助や、「狼疾記」の三造、「文字禍」の老博士、「悟浄出世」の沙悟浄、あるいは『嘔吐』のロカンタンらが襲われている感覚は、精神病理学の用語では「離人症《りじんしょう》」に分類されるものだろう。小学館『日本大百科全書』では、離人症についてこう規定されている。「それは生命的感情の喪失感であるが、通常『自分を取り巻く外界が現実のものと感じられない』という非現実感、『自分自身の存在の確かさが感じられない』という空虚感、『自分の体が自分のものだと感じられない』という非自己所属感の三つに分けられる」。

本書の目的は病跡学ではないから、たとえば老博士が蝕まれている「病」――あるいは、作者の中島自身の精神的危機――と離人症との関係について、これ以上取り上げることはしない。むしろ、ここで注目すべきなのは、彼の作品群、とりわけ「文字禍」における文字へのアンビバレントな執着である。すでに見たように、一方では文字の根本的な重要性がそこで強調されている。すなわち、文字は現実の影（代理、媒体）とされ、文字を覚えた者は、ものを記憶するにも考えるにも、もはや文字がなければ立ち行かなくなっている。しかし他方では、まさにそれゆえに、文字のゲシュタルト崩壊をきっかけに周囲のすべてが意味を失っていく様子が描かれるのである。

もっとも、日常生活に支障をきたすほどゲシュタルト崩壊があらゆる事物に全面化してしまうのは、特定の精神状態の人々に限られた事態である。つまり、ドアの掛け金やフォーク、コップ等に関して、誰でもゲシュタルト崩壊を体験できるわけではない。しかし、少なくとも文字のゲシュタルト崩壊であれば、離人症とは無縁の人々も簡単に体験することができる。これは、単純だが重要な事実である。おそらくは中島自身も若い頃、本を渉猟するなかで文字のゲシュタルト崩壊を体験したと思われる。そして、その体験が、普段は素朴に信頼を寄せている日常の世界に裂け目を見出す引き金となったに違いない。

馴染みの文字のゲシュタルト崩壊を体験するとき、人は、意味が引き剝がされた単なる線の集合、生命のない無機質な存在ともいうべきものを垣間見る。意味なく、何の必然性もなく、ただそれがそこにあるという感覚に襲われる。それまでその文字は、生活のなかに根を張った、現実的な手応えのある存在だったはずなのに、いまや、よそよそしく不確かな存在に感じてしまう。しかし、幸い、通常はこの種の感覚はすぐに消えるものだ。文字はすぐに再び生命を得て、その文字固有の意味を取り戻す。逆に、「文字禍」の老博士や「狼疾記」の三造たちは、この種の感覚にいわば釘づけになってしまった人々なのだろう。

ただし、文字のゲシュタルト崩壊が束の間だけの体験で済んでいる人――つまり、臨床上で離人症と診断されることのない人――であっても、老博士と同じ疑問をもちうるだろう。それは、文字はどうすれば意味をもつのかという問い、言い換えれば、無機質な単なる線の集合はどうすれば生きた存在となるのか、という問いである。

この問いに直面して老博士が導いた答えは、ひとつの文字はひとつの霊が宿ることで息づき始め、その文字固有の意味をもつようになる、というものだった。しかし、彼はそう理解することによって、文字は本来無意味な線の集合であるということを強く意識するようになった。そしてその感覚は、次第に文字だけでなく、意味あるものすべてに広がっていった。つまり、あらゆる事物は本来無意味でよそよそしいものであり、そこにときおり、かりそめに意味が付け加えられるに過ぎない、という離人症的な感覚である。彼もこの感覚が異常であることは分かっている。だからこそ、このままでは自分はおかしくなってしまうと恐怖し、馴染み深い生き生きとした現実を取り戻そうともがくのである。

1―5　補足と前途瞥見

老博士が提示した答えをどう考えればよいのか。そのような霊（精霊、魂）があるとしたら、それはどういったものとして捉えられるのか。言葉が生命を得るとか失うというのはどのような契機なのか。そして、そうした体験をすることにはいかなる重要性があるのか。これが本書全体のテーマである。もちろん、中島の「文字禍」や「狼疾記」などの関連する作品群には、それ以外にも様々な論点を取り出しうる豊かさを湛《たた》えているが、本書では言葉をめぐる上記の問題に焦点を絞ることにしたい。（ただ、その過程で最後には、自己や世界の不確かさをめぐる問題にも回帰することになるだろう。）

以上のテーマをめぐる実際の探究は、次章以降に、ルートウィヒ・ウィトゲンシュタインとカール・クラウスという人物の思考を手掛かりにして進めていくことになる。とはいえ、そうした今後の議論のために、いまここで確認しておくべき点がある。それは、文字以外でも起こる一般的なゲシュタルト崩壊の現象についてである。

文字のゲシュタルト崩壊に関しては、読み書きができる人なら基本的にそれを体験できるということはすでに述べた。ただ、ゲシュタルト崩壊を起こしやすいものは他にもいくつかある。おそらくはその最たるものが、顔の表情である。たとえば、人の顔をじっと眺め続けているうちに、よく見知った顔のはずなのにその特徴を急に見失ってしまい、この人はこんな顔をしていただろうかという奇妙な感覚に襲われる。この種の体験をした人は少なくないだろう。ちなみに、作家の開高健（一九三〇―八九）は、自身が文字のゲシュタルト崩壊を体験したときの様子を詳述するなかで、中島の「文字禍」とサルトルの『嘔吐』を並行して取り上げているが、『嘔吐』に関して言及しているのは顔のゲシュタルト崩壊の場面のみである（開高 一九八五：67）。本書では、第2章でウィトゲンシュタインの言語論を跡づけていくことになるが、そのなかで、顔の表情や、あるいはむしろ言葉の表情というものに彼が言及していることを確認できるだろう。また、第2章では開高の所論についても具体的に触れることができるだろう（157－158頁）。

また、「文字禍」ではその名の通り文字にしか焦点が当てられていないが、音声の場合も、文字ほど簡単ではないものの、たとえば「いま、いま、いま、……」と延々言い続けたり聞き続けたりすることによってゲシュタルト崩壊を起こすことが可能である。1―2で引用した「北方行」では言葉の非直接的な表現能力が言われているように、世界との親密な交わりを妨げるヴェールないし影という特徴づけは、本質的には文字だけではなく、音声も含めた言葉一般に当てはまるものだろう。

それではなぜ、中島は「文字禍」という作品では文字のみを問題にしたのだろうか。それはこの作品が、言葉が我々の生活を覆っていくその終局的な事態を描こうとしているからだと言えるかもしれない。最初は聞き、話すだけだった人々が、やがて、読み、書くようになる。人々は言語を絶えず発展させ、やがて文字を開発し、書物という物にして、言葉は持続性ないし実在性を増していく。（そして、代わりに、そのつど特定の場面で誰かが声を発し誰かが聞くという、一回性や臨場性、「生々しさ」といったものが、書物では失われてしまうことになる。）いずれにせよ、そのように、言葉がずっとかたちとして残り、目に見えるようになったからこそ、ゲシュタルト崩壊が起こりやすくなったとも言えるのである。

とはいえ、繰り返すように、音声でもゲシュタルト崩壊は起こりうるし、現代に入って録音技術が発達して以降は、音声も文字と同様の持続性・実在性をもつようになったことも確かだ。もちろん、音声と文字の差異や両者の関係というのはそれ自体、様々な論点を含みうる重要な問題であることは間違いない。[6] しかし、この問題は本書の主な関心からは離れるので、これ以上の探究は差し置くことにしよう。

代わりに以下では、文字だけでなく言葉一般に関心を広げて考えていく。実際、たとえばウィーン出身の作家ホーフマンスタールは、「チャンドス卿の手紙」という作品において、言葉一般に関して「文字禍」と同様の焦燥を表現している。次節ではこの作品について見ていく。それによって、「文字禍」の読解を通じて浮かび上がりつつある言葉の問題を、文字だけでなく音声も含めた仕方で捉えることができるだろう。

第2節　ホーフマンスタール「チャンドス卿の手紙」とその周辺

2—1　「チャンドス卿の手紙」あらすじ

フーゴ・フォン・ホーフマンスタールは、いわゆる「世紀末ウィーン」（十九世紀末から二十世紀初頭にかけてのウィーンを中心とするドイツ語圏）で活躍した代表的な作家の一人である。

詩人として十六歳で世に出て、早熟の天才として名声を手にしていたホーフマンスタールは、一九〇二年、二十八歳のときに「チャンドス卿の手紙」を新聞紙上に発表した。この作品は、十六—十七世紀頃を舞台に、伯爵家の次男という設定の架空の人物チャンドスから、実在の子爵フランシス・ベーコン（一五六一—一六二六）に宛てた手紙、という体裁をとっている。その中身はおおよそ以下の通りである。

二十六歳になるチャンドスは、十九歳のときにはすでに数々の戯曲を書き下ろしていた気鋭の作家であり、古今東西の寓話や神話、格言、省察などを幅広く蒐集した百科事典的な書物を編む構想も練っていた。彼によれば、「その当時、自分は一種の持続的な陶酔のうちにあって、存在全体がひとつの大いなる統一体に思えていた」（Hofmannsthal [1902] 1979: 463-464/106-107）という。すべてのものはつながり合っており、「いかなる被造物も他の被造物を理解する鍵である」（ibid.: 464/107）と感じていたのである。しかし、自分はいまや「精神の病《やまい》と言われてもいい状態」(ibid.: 462/104) に陥っており、そうした「自分と世界全体を織り込んでいる調和」(ibid.: 469/116) を失ってしまったと告白している。

たとえば、見慣れているはずのあるラテン語の小論の表題が、いまの彼の眼前には「よそよそしく冷たい」(ibid.: 469/103) ものとして立ち現れている。「その表題は、一連の言葉がつながり合ったひとつの馴染み深い像としてすぐに把握できず、まるで、このように並んだラテン語がはじめて眼前に現れたかのように、一語一語辿ってはじめて理解できたという次第なのです」(ibid.: 469/103-104)。また、それ以外の様々な馴染みの言葉も「私から遠のいていく」(ibid.: 465/108) のだという。いまの彼には、誰もがいつも迷いなくすらすらと口にするような言葉を使うことが耐えられない。いつも正直でなくてはいけない、この件は誰それにとって得になった、あれは悪人で、あれは善人だ――そうした会話の諸々が、どれも空虚なものに思える。これまでは単純に、意味をもったまとまりとして捉えられていたはずなのに、まるで極度に近づいてものを見つめたときのように、異様で不可解としか感じられないのである。

かつて、虫眼鏡で小指の皮膚の一片を見たとき、溝やくぼみのある平原のように見えたことがありますが、それとちょうど同じように、いまや人間とその営みが拡大されて見えたのです。もうそれらを、物事を単純化する習慣的な眼差しで捉えることはできませんでした。あらゆるものが部分に解体し、部分はまたさらなる部分へと分かれて、もはやひとつの概念で包括できるもの

は何もなくなってしまったのです。(ibid.: 466/110-111)

また、彼は自分で何かを言おうとしても、「『精神』や『魂』、『肉体』といった言葉を口に出すのさえ、何とも言えず不快に感じられ」(ibid.)、「口に浮かんできた様々な概念が突然曖昧な色合いになり、輪郭をなくして入り混じってしまった」(ibid.) ような感覚に襲われる。それらの言葉を構成する音の連なり(セイシン、タマシイ、ニクタイ) それ自体は以前と変わらないのに、それらはいまやひどくよそよそしい異物に感じられるのである。

彼のなかではもはや、「何らかの判断を表明するためにはいずれ口にせざるをえない抽象的な言葉が、腐れ茸のように口のなかで崩れてしまう」(ibid.)。彼にとって、言葉は輪郭をもたない「果てしなく旋回する渦」(ibid.) と化しており、「そこを突き抜けていくと、その先は虚無」(ibid.) しかない。言葉が何ともつながらず、ただ空虚に渦巻き、「底なしの奈落へと至る」(ibid.: 471/120) だけなのである。彼は自分が陥ったそうした状態を、次のようにも言い表している。

私の症状は端的に言えばこうです。何かを別のものと関連させて考えたり語ったりする能力を完全に失ってしまったのです。(ibid.: 465/109)

彼はこの状態を脱するために、古代の人々の精神世界に逃れようと試みもした。セネカやキケロの著作を読むことで、「限界をもち秩序づけられた彼らの概念が生み出す調和」(ibid.: 466/111) を感得しようとしたのである。しかし、その試みは失敗だった。彼らが用いる抽象的な言葉（概念）自体はよく理解できた。すなわち、様々な概念が見事な連関を生み出すさま、概念同士が戯れ合うさまを眺めることはできた。「ですが、そこには概念同士の関係しかなく、私の思考の最も奥にある個人的要素は、いつまでもその輪舞から締め出されたままでした。それらのなかにいると、私は恐ろしい孤独感に襲われたのです」(ibid.)。

それ以来、彼は、「精神も思考もない」(ibid.: 467/112) 日々を送っている。それは、内面が硬直し、財産等にも全く関心を失った、「信じ難いほど空虚な生活」(ibid.: 470/117) である。ただし、その状態にあっても、活気づく嬉しい時間が全く無いわけではないという。畑に置きっ放しの馬鍬《まぐわ》、日に当たる犬、みすぼらしい墓地、衰えた林檎の木、丘の上の曲がりくねった馬車道、苔むした岩、遙かにひとつ燃える牧人の焚き火、植木鉢の間をすりぬける猫、蟋蟀《こおろぎ》の声……。そうした日常の身近な物事、すなわち、「目立たないかたちをして、誰の注意を惹くこともなく横たえられ、あるいは立てかけられているもの」(ibid.: 470/118) が、「水が器を満たすように、一段と高く溢れんばかりの生命で満たしながら立ち現れてくる」(ibid.: 467/112) ときがある。そのとき、「私の幸福な眼は、周囲の至るところに生命が宿っているのを見出すのです」(ibid.: 469/116)。しかし、それを言い表そうとすると、「またしても言葉が私を見放す」(ibid.: 467/112) のだという。「不思議な魔法が解けてしまった」(ibid.: 469/116) ように、その瞬間について何も語ることができないのである。

……普段は当たり前のものとして目を止めることなく通り過ぎている事物が、ある瞬間、突然に

——その瞬間を自分の力で呼び寄せることなど到底できません——胸を打つ崇高なしるしを帯び、どんな言葉もそれを表現するには貧しすぎるように思えるのです。(ibid.: 467/112)

彼がいま情熱を得られるのは、ときおり偶然に訪れる、この奇妙な瞬間について考えようとすることだけである。しかしそれは、「思考とはいえ、言葉よりも直接的で、流動的で、白熱した素材をもってする思考」(ibid.: 471/120) であり、したがって、「……考えるために私に与えられているように思える言語は、ラテン語でも、英語、イタリア語、スペイン語でもなく、単語ひとつさえ知らない言語」(ibid.: 472/121) であるという。そのような言葉ならぬ言葉で考え、語ること、それは沈黙を選ぶことと変わらない。事実、彼はもはや一冊の本も書けなくなったこと、文学活動をすべて放棄することを告げて、長い手紙を締めくくるのである。

2—2　言語への絶望

この作品でさしあたり注目されるのは、先に紹介した中島の作品群と共通するモチーフが描かれていることである。それは、「自分と世界全体を織り込んでいる調和」が失われたという意識、そして、その調和が再び訪れることを渇望する思いである。チャンドスによれば、かつて自分は一種の持続的な陶酔のうちにあり、「ひとつの大いなる統一体」としての存在全体のなかに自らも織り込まれていた。自分と世界を隔てるものはなく、親密につながっていたのである。しかし、いまやその調和は失われてしまい、彼にとって世界は空虚な異物に変貌してしまった。すべてが鈍く、色褪せて感じられ、生きた手応えを得ることができない。以来、彼は何ごとにも無関心な「精神も思考もない」状態に陥っている。

その状態の描写として、この作品でほとんどの紙幅が割かれているのは、言葉や会話が疎遠になるという事態である。まず、「文字禍」と同様に、馴染みの文字列が「よそよそしく冷たい」ものとして立ち現れてくる。よく見慣れた一文のはずなのに、その単語の並びをいまはじめて見たかのように、ひとつのまとまりとして捉えることができない。また、「正直」、「得」、「善人」、「悪人」、「精神」、「魂」、「肉体」等々の言葉を人が話しているのを聞いても、自分が口に出そうとしても、個々の言葉がそれぞれもっていたはずの固有の色合いが曖昧になり、あたかもそれらの輪郭が失われてしまったかのような感覚に襲われる。そして、さらには人間の営みすべて、周囲の事物のすべてが、疎遠で不確かなものに映ってしまう。チャンドスは、いまの自分が「精神の病と言われてもいい状態」にあると吐露する。

言うまでもなく、我々の生活の大半は言葉とともにある。「手」、「服」、「時計」、「猫」、「家」等々、周囲のどれを見渡しても言葉で表されないものはない。また、我々の生活は基本的に他者とともに営まれるものであり、実際に会話を交わしながら、あるいは本やテレビ、インターネットなどを通して、他者の書いたものを読んだり、話したものを聞いたり、自分で言葉を発信したりしながら、日々を送っている。それゆえ、言葉が意味を喪失するという事態は、言葉が深く隅々にまで浸透している生活全体にも決定的な影響を与えることになるだろう。「あらゆるものが部分に解体し、部分はまたさらなる部分へと分かれて」しまうという、チャンドスが襲われている感覚、意味が引き剝がされて不確かな存在と化していく恐怖は、言葉への不信が引き金になり、他のものへと波及していったのだと考えられる。

言葉のゲシュタルト崩壊をきっかけにすべてがバラバラに解体していく悪夢、ゲシュタルト崩壊が全面化していく過程は、繰り返すように、「文字禍」の終盤でも「恐ろしい病」として語られていた。「チャンドス卿の手紙」においては、さらに、この病の症状が具体的にどのようなものなのかについて分析が加えられている。すなわち、何かを別のものと関連させて考えたり語ったりする能力を失っているというのが、この病の内実だというのである。

実際、我々が馴染んでいる言葉はそれぞれ、別の様々なものに結びついたかたちで我々に立ち現れうる。たとえば「手」という言葉から我々は、たとえば自分の手や他人の手をイメージするかもしれない。あるいは、手の様々な部分（手の平、甲、指、爪、等々）や、様々な形態（手を握った様子、開いた様子、等々）、手を用いた様々な生活上の実践（指を差す、手招きする、親指を立てる、手を叩く、等々）に連想が広がるかもしれない。あるいはまた、「手紙」、「手引き」、「手際」、「相手」、「聞き手」、「人手」、「手っ取り早い」、「手をくだす」、「手を抜く」、「手を引く」等々、「手」という言葉を含んだ表現に、様々に連想が及ぶこともあるだろう。逆に、そこからゲシュタルト崩壊を起こし、単なる線や音の集合——意味もなく、ただごろっとそこにある異物——と化してしまった言葉からは、どんな連想も呼び起こされることはない。それはまさに、意味のない不可解な何かとしか言いようがないのである。

我々は普段、無数の言葉を、別の無数の言葉や事物とのかかわりの下で実際に使用しつつ、日々の生活を送っている。それゆえ、あらためて個々の馴染みの言葉に注目すれば、そこから極めて広範な連関が延びていることを確認できる。他方、言葉が「腐れ茸のように崩れてしまう」というゲシュタルト崩壊が起こるなかでチャンドスが見舞われたのは、そうした連関を見失い、個々の言葉の広がり、奥行きを、まるで感じられなくなったという事態にほかならない。

チャンドスの苦境がこのように解釈できるなら、言葉やマグカップといったものの「生死」をめぐって、次のような条件を提示することができるかもしれない。それらを生きた感触を得られるものとして、つまり、腐ってバラバラに崩れた死物としてではなく、意味をもった有機的なまとまりとして感じ取るためには、それらが織り込まれた生活のなかに自分自身も深く入り込み、様々な実践や事物に習熟しているのでなければならない、と。

実際、「チャンドス卿の手紙」ではこの条件が、古代ローマの精神世界に逃れようとした試みをチャンドスが振り返る場面で示唆されている。彼は、セネカやキケロが遺した書物という限定された範囲内で、様々な言葉が見事に絡み合い輪舞するさまを追うことにより、言葉の有機的な連関を把握し直そうとした。しかし、その試みは逆効果だった。なぜなら、そこには言葉同士の関係しかなかったからだ、と彼は言う。その言葉の輪舞は、彼自身の個人的要素とつながるどころか、むしろこれを寄せつけず、彼はさらに強い閉塞感、孤独感に襲われることになった。つまり、セネカやキケロが紡ぐ言葉の背景にある彼らの生活に——彼らが打ち込む実践に、彼らが注意を向ける出来事や風景に、彼らの感情の推移に、彼らに湧き起こるイメージ等々に――チャンドス自身のそれを重ね合わせることができなかったのである。

この事態とは逆の幸運な邂逅を、ホーフマンスタールは、「チャンドス卿の手紙」の姉妹編ともいえる一九〇七―〇八年の作品「帰国者の手紙」で描いている。ただし、そこで出会われ、生命を獲得するのは、一連の言葉ではなく一連の絵画であり、そこに描かれた様々な日常の風景である。「帰国者の手紙」の主人公は、サルトルの『嘔吐』の主人公を先取りするように、あるときから周囲の事物を見ると不快なめまいや吐き気を覚えるようになった人物である。たとえば、ホテルにある水差しや洗面器が、現実のものではないように見えて、気持ちが悪くなってくる。「それらはとりたてて言いようもないほど普通のものなのに、全く現実離れし、ある意味で幽霊じみたものに見える。それと同時に、言うなれば、本物の水差しや水を張った本物の洗面器の代理をしばらく務めてあとを待っているかのように、一時的な仮のものに見える」（Hofmannsthal [1907-08] 1979: 561/205）。かつてはそれは「自明のもの、生けるもの、友」（ibid.）だったが、いまや死せるものと化したのである。そして、同様の発作、吐き気に、通りの辻馬車や家、樹木などを見ても襲われてしまう。風景全体が虚ろになっていく。

そんな状態のなか、彼は偶然一軒の店に入り、ゴッホの風景画の数々を見た。「絵から絵へと眼を移しながら、ある何かを感じることができた」（ibid.: 566/214）と彼は言う。最初は異様に思えたが、にわかに個々の絵がそれぞれひとつの統一体として像を結び、それら同士の連関も見渡せる時間が訪れた。「ひとつひとつの絵が、そしてすべての絵が全体としてあるがままに見えてきたのだ」（ibid.:

564/211)。そこに描かれているのは、鋤《す》き返した畑、夕空に向かってそびえる並木、家の裏壁が見える庭の一角、金盥《かなだらい》と陶器の壺、じゃがいもを食べる農夫たちといった、ごくありふれたものに過ぎない。しかし、その瞬間、それらはもはやこの世ならぬ死物ではなく、生きて現実に存在している手応えに満ちていた。「それらは、新たに生まれたかのごとく、生ならぬものの恐るべき混沌のうちから、空虚な奈落のうちから、立ち上がってきたのである」(ibid.: 565/213)。

なぜ、そのような時間が訪れたのか。それは彼が、絵の「あらゆる形象と色彩のうちに、一個の心(Herz)を、絵を描いた一個の男の魂(Seele)を……見て取ることができた」(ibid.: 566/214)からである。彼は、絵に宿るゴッホの魂に共鳴し、束の間それに同化した。「あたかも自分が二人になったかのように」(ibid.)、ほんのひととき、ゴッホの苦悶と情熱と眼差しを自分のものとして、生き生きとした世界を取り戻したのである。

以来、彼は、そのような時間の訪れを待ち続けている。その体験は「完全に個人的なもの」(ibid.: 565/212)であり、人に伝えられるようなものではない。しかし、「実を言えば、自分が生きていることを普段の百倍の強さで感じるそうしたときをおいてほかに、私が一個の人間であることはない」(ibid.: 570/222)、そう彼は続ける。「そのとき、私は事物のなかにあってただひたすら一個の人間に、後にも先にもないほどに自分自身になっているのではないか。無名で、一人きりであっても、孤独のなかで立ちすくんでしまうのでなく、かえって自分のなかから力が波打ってあふれ出るように感じるのではないのか」(ibid.)。

完全に個人的な性質の体験、しかも、たちまち消え去ってしまう体験であるが、それだけに当人にとって重要になりうるその契機について、彼は、インドの高名な神秘思想家ラーマクリシュナ（一八三六—八六）が悟り（Erleuchtung）を開いた——あるいは、覚醒（Erweckung）した——とされるときを例示している。彼は十六歳のよく晴れたある日、畑の間の田舎道を歩いていた。ふと眼を上げると、空高く一列の白鷺の群れが横切るのを見た。「たったこれだけのことなのだ」（ibid.: 568/218）。この逸話を彼に聞かせてくれたのはイギリス人のある牧師だったが、その牧師はラーマクリシュナの体験について、「崇高な内容などまるでない、強烈な視覚印象に過ぎません」（ibid.）と素っ気ない。「お分かりでしょう、異常な神経系の問題ということですよ」（ibid.）という。彼は、この牧師の無理解に憤慨するが、しかし、ラーマクリシュナの体験は「永遠に言葉で言い表せないもの」（ibid.）であり、言い返すすべはない。確かに、空を横切る白鷺を見て、誰もがラーマクリシュナのように決定的な何ごとかを把握するわけではない。仏門においても、中国の唐代、香厳《きょうげん》禅師は竹に小石が当たる音を聞き、霊雲《れいうん》禅師は桃の花が開くのを見て、それぞれ悟りを開いたという。彼らはそのとき、いわゆる「縁起」の真理を——すべてが互いに支え合い、生かし合って成り立つ、世界全体の実相を——直観したのである。しかし、にもかかわらずそこで起こっていたのは、竹に小石が当たり、桃の花が開いたという、ごくありふれた出来事に過ぎない。客観的に、あるいは合理的に捉えれば、それらはすべて「強烈な視覚印象」「神経系の異常な発火」と言って済ますのが適当なのかもしれない。

「ひとつの体験を言おうとするとき、言葉はなんと無力なのか」（ibid.: 549/184）——この意識は、2—1ですでに見たように、「チャンドス卿の手紙」の後半部でも表現されている。すべてがよそよそしく見える空虚な生活のなかで、それでも、周囲のものが生き生きと鮮やかに際立つ幸福な時間が、ときおり不意に訪れるとチャンドスは言う。「普段は当たり前のものとして目を止めることなく通り過ぎている事物」が、突然、「一段と高く溢れんばかりの生命で満たしながら立ち現れてくる」ときがある。そのとき、そこから無数の連関が広がっているのを彼は実感する。すべてが有機的につながり合い、「周囲の至るところに生命が宿っている」のが感じられる。しかし、彼はその時間の訪れを予感できないし、まして、自分の力で呼び寄せることなど到底できない。しかも、「どんな言葉もそれを表現するには貧しすぎるように思える」。セネカやキケロの言葉であっても例外ではない。それらは、「帰国者の手紙」におけるゴッホの絵のように主人公の心を射貫くことはなかった。いまのチャンドスは、言語に何も期待していない。周囲のすべてに生命があふれ、そのなかに自らも包まれるような、そうした調和は、言葉と無縁のときに、物言わぬ風景、ありきたりの事物それ自体から立ち現れる。その幸福な時間を、言葉は決して摑まえることができず、むしろ邪魔にしかならないとされるのである。

2—3　フランシス・ベーコンの言語不信との比較

この、いわば言語への絶望に関連して注目すべきなのは、「チャンドス卿の手紙」がフランシス・ベーコンに宛てた手紙という体裁をとっていることである。

ベーコンは、十六世紀から十七世紀に移る転換期に活躍した、イギリス経験論の祖の一人であり、人間の知的探究の方法論一般を革新しようと企てたことで知られている。

ベーコンによれば、世界ないしは自然《ネイチャー》というものをありのままに理解しようとする我々の思考は、実は多かれ少なかれ様々な仕方で歪んでいる。彼は、その歪みをもたらすものを「イドラ（idola: 像、とりわけ幻像・幻影）」と呼んでいるが、種々のイドラのなかでも「最も厄介なもの」（Bacon 1620: §59）が、「言葉を通じて知性に負わされるイドラ」（ibid.: §60）、すなわち「市場《いちば》のイドラ」（ibid.: §43, 59）だという。「言葉は知性に無理を加え、すべてを混乱させて、人々を空虚で数知れぬ論争や虚構へと連れ去るものだ」（ibid.: §43）と彼は言うのだが、その点について詳述している箇所を、少し長く引用しておこう。

人々は、自分たちの理性が言葉を支配すると信じているが、しかし、言葉が知性に反作用することもあり、これが哲学と他の諸学を詭弁的で不活発なものにしてしまう。言葉はたいてい、大衆の能力に応じてかたちづくられ、適用されるものであり、大衆の理解に基づく最もはっきりした線で事物を区切るものである。しかし、より鋭い知性や、より精細な観察によって、より正確に自然に従うようにそうした線を変えようとすると、言語がそれを妨げるのである。そしてそこから、学者たちの高尚でもったいぶった議論も、しばしば言葉や名前についての争いに終わることになる。そこで（数学者たちの流儀と思慮に倣って）まず言葉や名前から始め、それらを定義によって整理する方が賢明なのかもしれない。しかしそのような定義も、自然のもの、物質的なものにおいてはこの悪弊を正すことはできない。というのも、定義それ自体も言葉からできており、言葉が言葉を生み出すからである。それゆえ、個々の事例と、それらの配列や順序とに立ち戻ることが必要なのである。(ibid.: §59)

ここでベーコンは、言葉が我々の思考(理性、知性)を支配するという側面を強調しつつ、そうした言葉に対する不信を表明している。精細な自然を写し取るには、人々が普段用いている言葉はあまりに大雑把で不正確だ。ならば、個々の言葉を最初にきちんと定義して整理すればよいのかといえば、そうともいえない。なぜなら、その定義自体も言葉で組み立てられているからである。言葉で言葉を生み出している以上は、自然の真のあり方に到達することは簡単ではない。そうベーコンは主張するのである。

彼によれば、言葉が現実の自然を歪める(曇らせる)のは、経験的に得られる個々の事例を人々が十分に集めることも吟味することもなく、そこから一足飛びに抽象的な概念をこしらえているからである(ibid.: §19, 22, etc.)。そのように拙速に得られた概念は、誤りや混乱が多分に含まれているから、当然粗雑なものになってしまうという。したがって肝心なのは、(1)観察や実験を通して事例を網羅し、(2)それらを適切に吟味して秩序づけたうえで、(3)諸事例を貫く概念を取り出すという、「真の帰納法」(ibid.: §14)に従事することだと、彼は主張している。そうやって最終的に取り出された概念を用いれば、現実の自然を歪めずに正確に写し取ることができるというのである。[7]

このように彼は、言葉を定義し直すことも言葉によって行われるという、言語と思考の癒着について指摘しつつも、両者はどうにかして引き剝がすことができるとも主張している。つまり、彼が「真の帰納法」と呼ぶ経験的探究を実践するプロセスそのものは言葉の汚染を免れた仕方で遂行でき、そして、そうしたいわば透明な思考によって、逆に不完全な言葉を改良することが可能だと、彼は考えるのである。

この楽観的とも言える見通しと比べれば、言語に対するチャンドスの不信は、より根が深く徹底したものだと言えるだろう。チャンドスにとって、言葉はもう腐って崩れ去っている。そして同時に、自分の生活に隅々にまで言葉が浸透していること、言葉からは基本的に逃れられないことを、彼は痛切に実感している。それゆえ、彼の生活は死物としての言葉のヴェールに覆われ、よそよそしく冷たいもの、信頼できないものと化しているのが現状である。そのなかで、周囲に生命と調和が満ちるのを感じ取れる「幸福な時間」が彼に訪れるのは、言葉の影響が途切れるわずかなときに限られることになる。しかし、言葉はすぐに追ってくる。我々はその時間をすぐに振り返り、言葉にしようとする。その途端、不思議な魔法は解け、すべては色褪《あ》せてしまう。言葉による思考は、間接的で、ぎこちなく、冷たいものだとチャンドスは言う。しかし、言葉なき思考を展開するすべもない。彼は沈黙のなかで、ものが再び息づき始めるのを待ち続けるのである。

2—4　現実の不完全な代理・媒体としての言語観

ところで、「チャンドス卿の手紙」は、以上のように言語への深い不信を表現した内容によって、世紀末ウィーンを中心に渦巻いた言語不信（言語懐疑、言語危機）の潮流を代表するものとして位置づけられるのが通例である。

たとえば、その潮流の先駆であるフリッツ・マウトナー（一八四九―一九二三）の言語論の影響は、盛んに言及される点のひとつである（水上 一九九四：258以下、平野 一九九四：192）。マウトナーは、「チャンドス卿の手紙」が発表される直前の一九〇一―〇二年に世に問うた『言語批判論集』全三巻において、「話すことなしには――つまり、言葉なしには――思考は存在しない。より正確にいえば、考えるということなど何ら存在せず、話すことのみが存在する」（Mauthner 1901-02: I-176）と述べつつ、その言語自体に欠陥があると主張している。すなわち、言語を媒介にした世界の把握は本質的に不完全なものにならざるをえないと断じ、それゆえ「言語からの解放」（ibid.: I-713）を訴えるのである。

彼が模索するのはさしあたり、詩作やその理解という芸術的活動によって世界を捉える道筋である。マウトナーによれば、言葉を用いることは詩の本質には属さない。というのも、「詩人の詩それ自体は言葉なしに成立しうるもの」（ibid.: I-98）とされるからである。詩人が捉えている印象を他者に伝達するときに、はじめて言葉が必要になるというのである（ibid.）。とはいえ、公共的に成立している詩は言葉の連なり以外の何ものでもなく、それゆえ、詩にとって言葉は本当に不必要だと言えるのか、という疑問は当然生じてくる。木村裕一が手際よくまとめているように（木村 二〇一四：44）、マウトナー自身は言語を、詩を頂点とする「生き生きとした言語」（ibid.: II-574）と、書き言葉に代表される「死んだシンボル」（ibid.: I-124）――すなわち、「色褪せ」（ibid.: II-487）、「トーンを欠き、情感を欠き、想像を欠く」(ibid.: II-576)、死物としての言語——とに分けて考えている。そして、詩人だけが死んだシンボルを蘇らせることができるとする (ibid.: II-574)。ただし、彼は同時に、詩人という存在を「実現不可能かつ到達不可能な理想像」(木村 二〇一四：77) と見なしており、実際、彼は『言語批判論集』の発表以降は詩への憧憬に向かうというよりも、彼の考える東洋的な神秘主義へと傾斜していくことになる (Mauthner 1910)。

そのマウトナーは、「チャンドス卿の手紙」を読むとすぐにホーフマンスタールに手紙を出し、自身の『言語批判論集』がこの作品に影響を与えているのではないかと問い合わせている (Stern 1978: 33)。ホーフマンスタールはこれに答えて、『言語批判論集』の直接的な影響については言及を避けながらも、この本の第一巻が刊行されてすぐに購入していること、そして、マウトナーと自分が似た方向に進んでいることを積極的に認めている (ibid.: 33-34)。

とはいえ、もちろん、彼らの思考をすべてひと括りにしてよいかといえば、それは相当に問題含みである。両者の関係性をめぐっては別個の慎重な検討が必要だろう。[8] また、世紀末ウィーンでそもそもなぜ言語不信の潮流が生じたかについては、多言語・多文化社会としての当地の側面や、伝統的価値観が崩れつつあった時代状況などを勘案する必要があるだろう。ただ、本書ではここではそうした背景については深入りせず、ホーフマンスタールが「チャンドス卿の手紙」や「帰国者の手紙」等で示している言語観の内実それ自体を掘り下げることに専念したい。

先に確認したように、これらの手紙で言語に向けられている不満は、件《くだん》の「幸福な時間」が言葉では表現できない、というものである。手紙の主たちは、周囲の事物がにわかに息づいて鮮やかに際立つ間、世界と親密につながり合い、その調和と昂揚のなかで、自分が生きている実感を得られるのだという。しかし、その時間は刹那しか持続せず、我々はそれを想起するには（ゴッホのような芸術的才能をもつのでなければ）言葉にする以外にない。そして、にもかかわらず、そうした実感や、生き生きとした現実そのもののダイナミズムが、言葉にすると途端に損なわれ、失われてしまう。したがって、その決定的な瞬間の内実をありのままに想起することも伝達することも不可能ということになる。二つの手紙には、そのもどかしさが繰り返し記されている。

ここには、言葉は現実の代理であり、世界と自己をつなぎ、自己と他者をつなぐ媒体である——しかも、不完全な代理、媒体である——という言語観があらわれている。近代自然科学の黎明期であった十七世紀への転換期、ガリレオ・ガリレイ（一五六四—一六四二）やヨハネス・ケプラー（一五七一—一六三〇）らと同時代に生きたベーコンにとっては、言語のそうした不完全さは、人間の知性によって克服しうるものに思えた。しかし、二十世紀への転換期において、たとえば先述のマウトナーは、言語は本質的に不完全なものであり、世界をあるがままに捉えるには言語自体から解放されなければならない、と主張している。そして、その方途として、「それ自体は言葉なしに成立するもの」としての詩への理想を語り、さらに神秘主義へと接近するのである。

では、ホーフマンスタールはどうか。「帰国者の手紙」におけるラーマクリシュナへの言及からも窺《うかが》えるように、ホーフマンスタールが神秘主義的な立場を肯定的に捉えていることは確実だろう。また、「詩と生活」と題されたエッセイにおいて彼は、「生活の内容という荷物を運ぶものとしての言葉と、それと兄弟であっても、詩のなかで存在しうる夢幻的な言葉は、互いに離れ去っている」（Hofmannsthal

[1896] 1979: 16/64）と述べて、マウトナーと同様に言語を二元的に捉えようとしている。すなわち、日常の生活において様々な内容の伝達に用いられる言語と、それから詩の言語、その二種類に言語を分けて考えようという姿勢である。

しかし、マウトナーが詩の言語を彼岸の理想として措定したように、ホーフマンスタールも随所で、「幸福な時間」を呼び起こす一篇の詩がどれほど得がたいものであるかを強調している。たとえば彼は、人々がそうした詩を捉えるのは「おそらく一生に一度」（ibid.: 19/67）であり、「そうした完全な詩がいくらかでも生まれるというのは、そもそも奇跡のようなものではないか」（Hofmannsthal [1904] 1979: 509/153）と書き記している。彼自身、二十世紀に入ると詩作を行わないようになるし、「チャンドス卿の手紙」のなかでは、すでに見たように、主人公は文学活動そのものを放棄している。チャンドスは、言語の改良への道を語ることも、詩への希望も語ることはなく、言葉とは異なる素材による思考という神秘的な営みの可能性を示唆するばかりである。

ホーフマンスタールは一方では、「言葉によって我々は、見たり聞いたりしたことを、ひとつの新しい存在へと呼び起こすことができる」（Hofmannsthal [1896] 1979: 16/64）という点を強調する。しかし、肝心の生き生きとした現実を捉えられるのが詩の言語のみ——しかも、一生に一度、奇跡的に紡がれる詩句のみ——であり、それ以外の言葉がどうしても現実を曇らせ、歪めてしまうのであれば、言葉は事実上、自己とその外部とをつなぐ媒体というよりも、それらを隔てる障害であることになる。

こうした、現実の不完全な代理・媒体としての言語への懐疑的な態度とは対照的に、「帰国者の手紙」では絵画芸術の力が雄弁に語られているのは、すでに見た通りである。また、「詩と生活」では、とりわけ音楽への信頼が示されている（ibid.: 18/66）。同じエッセイのなかで、詩という芸術についてホーフマンスタールは、同時代の詩人シュテファン・ゲオルゲ（一八六八—一九三三）が記したあるアフォリズムを引いている。すなわち、「詩の価値を決めるのは意味ではなく（もしもそうならば、詩は知恵や博識の類いとなるだろう）、形式である」という一節である。そのうえでホーフマンスタールは、「言葉の選択、および、言葉がどう配置されなければならないか（リズム）」（ibid.: 17/64）や「独自のトーン」（ibid.）が詩のすべてであり、意味は問題ではない、と断言している。ここには、「生活の内容という荷物を運ぶもの」——すなわち、意味を担い、それを他者に受け渡すもの——としての言葉の役割を詩句から完全に切り離し、詩を音楽に準ずるものとして捉えようとする狙いが窺えるだろう。

第3節　まとめと展望

この第1章では、中島敦の「文字禍」とホーフマンスタールの「チャンドス卿の手紙」を主な題材にしつつ、そこから浮かび上がってくるポイントを確認してきた。その中身をここで大きく四点に分けて振り返っておこう。

(1)「ヴェール」「影」としての言葉

両作品に共通するのは、「ヴェール」あるいは「影」として言葉を捉える見方、すなわち、現実の不完全な代理・媒体としての言語観である。

我々の生活の大半は言葉とともにある。何ごとかを経験し、またそれを振り返り、他者に伝える際に、我々は基本的に言葉を用いないことができない。しかも、言葉は現実そのものではありえないから、多かれ少なかれ現実を曇らせ、歪めてしまう。言い換えれば、言葉が意味をもつとは、現実の不完全な代理（媒体）となる、ということである。したがって、言葉は、自己とその外部とをつなぐというより、むしろ両者を分断し、疎遠にする障害にほかならない。——老博士とチャンドスの言語観はこのようにまとめることができるだろう。

そして、この言語観が、言葉がゲシュタルト崩壊を起こした後に形成されているという点が重要である。この現象を体験することによって、言葉は本来単なる音や線の集合であるということを、彼らは強く意識するようになった。老博士は、線の集合が生命を得て有意味な言葉となるのはなぜかを説明するために、「霊」やその「魔力」を持ち出したわけだが、そのように文字や音声が何ごとかを意味するというのはもはや、不自然で偶然的なこと、不確かで信頼できないことに感じられるのである。そしてこの感覚は、言葉がまとわりついた事物、意味のある事物全体に広く感染していくことになる。たとえば、家も、顔も、水差しも、彼らには現実のものではないように見える。意味のない不気味な存在に感じられるのである。

（2）世界と親密であることへの渇望

ゲシュタルト崩壊に襲われている状態を、チャンドスは、「何かを別のものと関連させて考えたり語ったりする能力を失っている」状態だと自己分析している。言葉や他の事物がゲシュタルト崩壊すると、それらからどんな連想も呼び起こされなくなってしまうのである。逆に言えば、それらに馴染んでいる状態――意味あるものとして身近にある状態――とは、そこから無数の連関が延びているさまを見渡せている状態だということになる。

実際、チャンドスが障害としての言葉の側面に意識を向けるときには、それが妨げているものへの渇望、すなわち、すべてが連関し合う親密な世界を求める気持ちが裏側にある。彼がかつての理想的な状態として追想するのは、自分も含めたすべてが「ひとつの大いなる統一体」として有機的に連関し、活気と調和に満ちている状態である。そして、いまや逆に、世界が冷たく疎遠なものとなっている状況が語られる。

同様に、老博士も、世界との親密さを取り戻すことを願いつつ、周囲の事物が次々によそよそしい異物と化していく感覚に襲われている。老博士はその恐怖のまま破滅を迎えることになるが、チャンドスはときおり、世界と再び親密になる「幸福な時間」を体験することができる。それは、畑に置きっ放しの馬鍬《まぐわ》や衰えた林檎の木など、普段はごくありふれたものとして通り過ぎている事物が、にわかに活気づく瞬間である。そのときだけ彼は、そこから無数の連関が延び、すべてが有機的につながり合っていることを実感できるのである。

（３）「幸福な時間」の偶発性、個別性

この「幸福な時間」に関しては、二点、重要な特徴が存在する。

一点目は、この時間はいつでも恣意的に呼び起こせるわけではない、ということである。たとえば林檎の木を見るたびにチャンドスの注意が惹きつけられるわけではない。その時間はあるとき、不意に訪れるのである。

また、もうひとつの特徴は、この時間は誰にでも訪れるわけではない、ということである。木から林檎が落ちるのを見て何かが閃《ひらめ》く人もいれば、そうでない人もいる。空を白鷺の群れが横切るのを見て、ものの見方に決定的な変化が起きた人がいたとしても、他人には必ずしもその意味や筋道が理解できないだろう。はたから見れば、「その人の脳内の神経系に異常な発火が起こった」という風にしか理解できないかもしれない。

ごくありふれたものが、にわかに鮮やかに際立ち、注意を惹かれるものとして生き生きと立ち上がってくる。そのときが訪れるまでの消息は、当人がそれまでに何をし、何に出会い、何に関心をもってきたか——つまり、どのような生活を送ってきたか——によって様々である。そこには、当人の個人的ないし主観的要素というものが切り離しがたい仕方でかかわっているのである。

（4）言葉の不可逆的な死

「幸福な時間」について、両作品に絡んでもう一点注目すべきなのは、馬鍬や林檎の木といった物ではなく、言葉に再び霊や魂が宿って息を吹き返す時間が、老博士とチャンドスには訪れないということである。彼らは言葉のゲシュタルト崩壊という、言葉が死物と化す契機の方だけを体験しているのである。

言葉のゲシュタルト崩壊は、言葉に親しみ過ぎること、近づき過ぎることと不可分な関係にある。言葉に深く注目し、その存在を強く感じれば感じるほど、単なる物（文字、音声）が意味をもつということが、いかにも不自然に思えてくるのである。たとえば老博士は、ときの大王から信頼を寄せられるほどの碩学であった。そして、彼はあるとき、文字そのものに深く意識を集中し、それによってゲシュタルト崩壊を体験している。老博士はこのことを、文字に親しみ過ぎると逆に文字の霊の毒気にあたる、と表現している。また、チャンドスは十代から頭角を現した作家であり、古今東西のあらゆる言葉を集成し、百科事典的な書物を編む野心を抱いていた。彼は、そうやって言葉にのめり込んでいったあげくに、ゲシュタルト崩壊に襲われている。しかもその体験は、ものに極度に近づいて見つめているときのように、会話などの人の営みが拡大され、部分部分に分解していくように感じるというものにほかならない。

こうした事態に至って、老博士は文字と距離を置こうとする。しかし、「悟浄出世」の沙悟浄のように意味への問いから離れ、目の前の生活や仕事に打ち込む、ということはできず、彼が最期を迎えたのは自宅の書庫のなかだった。また、チャンドスは、文学活動の放棄を宣言し、〈言葉によらない思考〉あるいは〈単語ひとつさえ知らない言語による思考〉を求める矛盾めいた願望を抱え、その沈黙のなかで言語の限界を越え出ることを夢見る。そして、この物語の作者であるホーフマンスタール自身は、意味を担ってそれを運ぶものとしての言葉――すなわち、現実を写し取り、それを他者に伝達するものとしての言葉――と、リズムやトーンに尽きるものとしての詩の言葉とを区別している。そして、後者の種類の言葉が生命を得る希望を示唆しつつ、その時間が訪れるのは奇跡のようなものだとも語り、また自身も詩作から離れていくのである。

＊　＊　＊

以上のまとめを踏まえて、ここで、次章以降につながる重要なポイントを指摘しておきたい。

１―４で触れたように、言葉のゲシュタルト崩壊から回復できないというのは、一般的に見ればかなり異様な事態である。言葉（とりわけ文字）のゲシュタルト崩壊自体は多くの人が体験できることであるとはいえ、普通はその状態からすぐに回復するものである。しかし、老博士とチャンドスの場合には、言葉は不可逆的に死んでいくばかりで、再び息づくということがない。それはなぜだろうか。

このことは、言葉を現実の（不完全な）代理・媒体と見なす言語観が彼らの物語の前提にある、という点から読み解くことができるだろう。この言語観においては、言葉は、現実を曇らせずに、言うなれば透明であればあるほど――目立たなければ目立たないほど――代理・媒体としてよく機能していることになる。しかし、言葉は現実そのものではありえないから、現実をどうしても曇らせてしまう、とされる。この見方からすれば、言葉がゲシュタルト崩壊を起こしてひと際目立つ場面とは、言葉が現実の代理・媒体としての役割を全く果たさず、全く不透明な単なる物（インクの染み、音声）と化している状態として特徴づけられる。

そして、言葉が目立ち、透明でなくなるという点で言えば、言葉がにわかに息づく場面も同様である。しかしながら、こちらは事情が全く異なってくる。ゲシュタルト崩壊の方は、繰り返すように、言葉が言葉でなくなることによって悪目立ちをするケースであるが、言葉が息を吹き返す場面では、まさに言葉が言葉として機能し始めるのである。たとえば、「今」という言葉がゲシュタルト崩壊から回復するケースを、ここで考えてみてほしい。それは、単なる物が再び言葉となることによって目立ってくるケースなのである。

こうしたケースを、言葉を現実の代理・媒体――したがって、どこまでも現実ならざるもの――として捉える見方のなかに位置づけるのは困難だろう。むしろ必要なのは、言葉を現実そのものの一部として、手や水差しと並んでそこに存在するものとして捉える見方なのではないか。すなわち、我々の生活の影（あるいは、生活を覆うヴェール）としてではなく、ときにそれ自体が主題化・対象化するような、いわば「生活の一部」として言葉というものを捉えない限り、言葉が生命を得るという現象を扱うことができないのではないか。だからこそ、老博士とチャンドスの物語には、この現象が登場する余地がないのではないだろうか。

次章では、いま急ぎ足で提示した〈生活の一部としての言葉〉という観点を、もう一度じっくり辿り直していくことにしたい。具体的には、〈ある言葉があるとき生命を得て、それ固有の意味をもち始める〉という契機をどう理解すればよいのか、あるいは、言葉の「霊」とか「魂」と呼びたくなるものの正体は何なのかという問題をめぐって展開される、哲学者ウィトゲンシュタインの思考を主に追っていくことになる。それを通じて、言葉の生と死というものが我々の生活にとってもつ重要性という、本書全体の主題に関して、一定の見通しを得ることができるだろう。

第2章

魂あるものとしての言葉

――ウィトゲンシュタインの言語論を中心に

ルートウィヒ・ウィトゲンシュタイン（一八八九—一九五一）は、その生涯を通じて言語に重大な関心を示し、言語について考え続けた哲学者であるが、本書で特に彼に注目するのは、言葉に霊や魂が宿り、息づき始めると言いたくなる体験——あるいは逆に、言葉が生命を失い、いわば無表情になると言いたくなる体験——をめぐって、彼が多くの思索を遺しているからである。この章では、主として彼の言語論を援用することを通して、この種の体験の内実と重要性を探っていく。

第1節　使用・体験・理解

1—1　言葉の理解は、言葉の使い方の理解に尽きるのか

ウィトゲンシュタインは若き日に、二十世紀の哲学の記念碑的著作『論理哲学論考』を世に問うている。この書において彼は、言語と自己と世界の関係を描き取り、さらに、言葉にできる事柄の限界を明らかにするという、壮大な試みを展開してみせている。その根底にある言語観は、「語は文から分節化される」（TLP: 3. 141）という原理（文脈原理）を基礎にし、言語を「文（Satz: 命題）」の集合と見なすものである。そして、そこでは文は現実の代理・媒体としてのみ捉えられ、「文を理解するとは、それが真であれば現実がどうなっているかを知ることである」（TLP: 4. 024）とされる。

その後、十年余りの沈黙の後に哲学の世界に復帰したウィトゲンシュタインは、『論理哲学論考』

よりも遥かに豊かな言語像を提示し始める。彼がまず強調するのは、我々の言語使用——彼の用語を用いれば、「言語ゲーム（Sprachspiel）」——の多様性である。命令、議論、報告、演劇、合唱、謎々、冗談、噂話、感謝、挨拶、祈り、等々、実に様々な実践を行いながら、我々は日々の生活を送っている（PI1: 23）。現実の代理・媒体として言葉を用いること、すなわち、事物を言葉で表現したり、それを誰かに伝達したりするというのは、そうした数多くの言語的実践（言語ゲーム）の一例に過ぎない。たとえば、「はい」や「ありがとう」、「うれしい」、「たぶん」といった言葉は、いかなる事物も表していない。我々がこれらの言葉の意味を説明する際には、これらが特定の状況においてどのように使われ、どのような役割を果たすかを説明することだろう。それゆえ、ウィトゲンシュタインはこう述べている。

> 「意味」という言葉が用いられる多くのケースで——すべてのケースではないとしても——この言葉は次のように説明できる。言葉の意味とは、言語内におけるその使われ方である、と。
> (PI1: 43)

言葉が何を表すかだけではなく、言葉がどう使われるかに目を向けるこの視座は、言葉を発することがそれ自体、我々の生活のなかに組み込まれた振る舞いの一種である、ということを浮かび上がらせる。身振りや手振りのように、あるいは表情をつくったり眼差しを送ったりするように、我々は生活のなかで日々、多様な音を組み合わせることにより、短い応答から長い文章に至るまで、文字通り無数の言葉を口にしている。しかも、たとえば「はい」という言葉ひとつとってみても、その時々に応じて様々な抑揚やリズムで発音されるし、また、そうした発話の際には普通、様々な眼差しや口角の上げ下げ、首の動き、さらには身振り手振りなどが伴っており、そのバリエーションは果てしなく多い。それゆえウィトゲンシュタインは、「人間の最も細かく区別された振る舞いとは、声のトーンと顔の表情とが伴った言語かもしれない」(LW2: 66/368) と言うのである。

ただ、そうするとひとつの疑問が生じる。言葉をどんなときにどう発するか（どう振る舞うか）というパターンをマスターするだけで、はたしてその言葉を理解したことになるのだろうか。たとえば、「スキーム」や「コミットメント」、「アジェンダ」等の言葉が飛び交うビジネス・ミーティングの場を数多く経験し、自分でもこれらの言葉を見よう見まねで使いこなせるようになるが、何を意味しているのかは結局のところ理解していない、といったことは実際にあるだろう。また、現在、人からの様々な問い掛けに対して適切な言葉を出力するコンピュータ・プログラムが様々に開発されているが、そうしたプログラムが実装されたロボットや携帯端末等が言葉を理解している、とは言われないだろう。[9]

この点について、ウィトゲンシュタインは次のように述べている。

> 言葉の使われ方を描写することで、私はその言葉を理解していることになるのか。その眼目を理解していることになるのか。何か重要なことで勘違いをしていることはないのだろうか。
> 「こう想定してみよう。」目下のところ私が知っているのはただ、人々がその言葉をどう使用す

るかということだけである。実際、それは遊びであるのかもしれないし、儀礼の型であるのかもしれない。なぜ人々が、言語が生活と噛み合ったかたちで振る舞っているのか、それが私には分からないのである。

意味とは本当に、言葉の使われ方ということに尽きるのだろうか。言葉の使用が生活と噛み合う、その仕方なのではないだろうか。

というより、そもそも言葉を使うということ自体が、我々の生活の一部なのではないだろうか。

> 「素晴らしい（herrlich）」という言葉について、人々がこれをどのように、そしてどんなときに使うかを知りさえすれば、私はこの言葉を理解したことになるのか。それだけでもう、自分でこの言葉を使うことができるのか。つまり、いわば確信をもって使用することができるのだろうか。
>
> 使い方は知っているが、理解せずにそれをなぞっている、ということはありえないだろうか。（ある意味で、鳥のさえずりを真似るときのように。）理解というものが成立するのは、何か別のことにおいてではないか。すなわち、「自分の胸の内に」感じること、当該の表現を体験することにおいてではないだろうか。（PG: 29）

この引用のなかで、まずウィトゲンシュタインは、言葉の意味とは言葉の使用が生活と噛み合う仕方なのではないかと述べた後、というよりも、そもそも言葉を使うということ自体が我々の生活の一部なのだと指摘している。つまり、我々が営むどんな生活のあり方とも独立に、言葉を使用する体系——すなわち、言語——が存在し、それが生活と嚙み合ったり嚙み合わなかったりする、ということではない。（たとえば、我々の生活の外に言語という「ヴェール」が存在し、生活の現実を正しく写し取ったり歪めたりしている、というわけではない。）そうではなく、言葉を使うというのは最初から現実の生活の一部なのであり、それ以外ではありえないのだと、彼はここで強調しているのである。

だとすれば、先に例に出した、「スキーム」や「アジェンダ」といった言葉を使えるが理解していない人というのは、ビジネスの世界にまだ馴染めておらず、そうした言葉を使った生活がまだきちんとできていない、ということなのだろうか。また、現状の携帯端末やロボットが言葉を理解できていないと言われるのは、限定的な言葉の受け答えができるだけで、その言葉を使った生活ができないからなのだろうか。要するに、〈言葉を使えるが理解できていない〉とは、実は、生活のなかで言葉を十全に使いこなせていない（たとえば、滑らかに使えていない）ということに過ぎないのだろうか。

それだけではないと、先の引用の最後でウィトゲンシュタインは示唆しているように思われる。というのも、彼は、自他が口にする表現を体験すること——「自分の胸の内に」感じること——において、言葉の理解というものが成立するのではないか、と問いかけているからである。また、彼は、単に使い方を知っているだけでは言葉を理解したことにはならず、「確信をもって使用する」ことができていないのではないか、とも問いかけている。この点をどう考えればよいのだろうか。

この問題を、痛みの理解と類比的に考えてみよう。たとえば、非常に精巧な人型ロボットが作られたとする。このロボットは、高度なパターン認識によって、そのつどの状況下で痛みにまつわる適切な振る舞いをすることができる。頭部を何か固いものにぶつけたときには、「イタイ！」という音声を発し、頭を抱えてうずくまる動作などができるし、また、人が転んで擦りむいたときなどには、駆け寄っていって、「ダイジョウブデスカ?」などと声をかけたりもできるのである。では、このロボットは、痛みとは何かを理解していると言えるだろうか。

一面では、理解していると言えそうだ。というのも、我々人間であっても、たとえば私は他人の痛みを感じられないし、他人も私の痛みを感じられないのだから、痛みそのものを伝え合ったりはしていないからである。言い換えれば、〈痛みを感じる〉という契機それ自体は、痛みをめぐる我々の日々のコミュニケーションにおいて実質的な役割を果たしていないように思えるのだ（PI1: 293）。しかし、他面では、痛みを感じることができないロボットは、やはり、痛みとは何かを真に理解しているとは言えないようにも思える。すなわち、「痛みといったものを体験的に知らない人に対しては、そうした言葉が何を意味しているかを理解させることはできない」（RPP1: 200）、人はそう言いたくなるのである。

同様のことが、言葉を理解すること全般に対して言えるのではないだろうか。つまり、一面では、言葉を理解するというのは、言葉をどんなときにどう発するか（どう振る舞うか）というパターンをマスターすることに尽きるように見えるが、他面では、感じること、体験するということが必要なのではないか。それが、「理解というものが成立するのは……『自分の胸の内に』感じること、当該の表現を体験することにおいてではないだろうか」というウィトゲンシュタインの問いかけの内実であるだろう。

ただし、ここで問いが二つ生じてくる。(1)言葉を体験する、感じる、というのは、はたしてどれほど重要なことなのか。先のロボットの例で確認したように、痛みであれば本質的に重要だ、と言えるかもしれない。しかし、「素晴らしい」や「スキーム」、「アジェンダ」等々の言葉についても同様に言えるのだろうか。(2)また、そもそも、「素晴らしい」や「スキーム」等々の言葉全般に関して、それを〈体験する〉とか〈感じる〉というのはいったいどういうことなのか。痛みなら分かる。たとえば、いま腕を強くつねったときに感じるこれである。しかし、「素晴らしい」や「スキーム」といった言葉の場合はどうだろう。

ここからは、主にこの二つの問いをめぐって探究を進めていく。まずは後者の(2)の問いに答えるために、前章で確認した事柄と接続することにしよう。

1―2　親しんでいることと、親しみを感じることの違い

前章では、中島敦の「文字禍」や、ホーフマンスタールの「チャンドス卿の手紙」を題材にしながら、言葉を「深く親密に感じる」(本書28頁)とか、「生きた感触を得られるものとして」「意味をもった有機的なまとまりとして感じ取る」(本書48頁)といった体験について詳しく取り上げた。

ウィトゲンシュタインが〈言葉を体験する〉とか〈言葉を自分の胸の内に感じる〉と言う場合も、

基本的にそれらと同様の体験を指していると考えてよいだろう。というのも、彼は「言葉を何か親密なもの、魂あるものと見なす傾向」(RPP1, 323)について、また、言葉に宿る表情といったものについて、さらには、単なる物や記号に生命を与えるものについて、頻繁に問うているからである(PG: 32, 65, 124; PI1: 432, 530; RPP1: 323, 888; LW1: 16, 325; PI2: 224, 294; Z: 176; etc.)

だとすれば、〈言葉を確信をもって使用する〉ということで彼が指している事柄も、慣れ親しんだ言葉に対して文字通り親密さを感じつつ、その言葉を使いこなす、ということであると言えそうだ。たとえば、「スキーム」や「アジェンダ」といったカタカナ語は、ビジネスの世界に染まっていない人にとっては不自然に感じられるだろう。また、先の引用文中の「素晴らしい」という言葉は、原文では「herrlich」というドイツ語の言葉であるが、ドイツ語に触れたことのない人にとっては「herrlich」はよそよそしい記号列としか感じられないだろう。このことは逆に言えば、「素晴らしい」という馴染み深い言葉に対して我々は何か親密さのようなものを感じている、ということであるかに見える。「素晴らしい」は「herrlich」とは異なり、独特の響きや雰囲気(陰影、色合い)を纏《まと》っている。他の言葉にはない独特の表情が宿っている。そこには何か生命が息づいているように感じられる。──そのように思えるかもしれない。

前章で見た「文字禍」の老博士は、その感覚を、〈言葉に霊(魂)が宿っている〉と解釈した。もちろん、この現代において、物質的なものを超越した不可思議な実体としての霊魂が存在するという話を、そのまま鵜呑みにするのは難しい。とはいえ、あたかも霊魂が宿ったかのように、馴染みの言葉や物が表情をもって生き生きと立ち現れてくるという感覚を古今東西の人々が覚え、それがたとえば中島敦やホーフマンスタールなどによって文学作品へと昇華されているというのも確かなことである。

そしてウィトゲンシュタインも、繰り返すように、言葉の魂とか生命といったものにしばしば言及している。ただし、それは一方では、そのようにアニミスティック（物活論的）に事物を捉える古来の人々の見方に対して否定的と言える論点を含んでいる。それが、老博士とウィトゲンシュタインの立場の根本的な違いである。

先の「herrlich」と「素晴らしい」をめぐる例を、もう一度振り返ってみよう。ドイツ語を知らない人にとって「herrlich」という言葉はよそよそしい不自然な雰囲気を纏っていると感じられるだろう。それに対して、「素晴らしい」という馴染みの言葉に対しては、確かにそのような感覚は覚えない。このことから、我々はしばしば、「素晴らしい」という言葉は馴染み深い親密な雰囲気をずっと纏っている――この言葉に対して我々は常に親しみを感じ続けてきた――と考えてしまう。しかし、我々の身の回りのものは、「素晴らしい」などの言葉であれ、あるいは人や部屋や道具等々であれ、深く馴染んでいればいるほど、馴染みのものとして認識されてはいない。目立たず、自然に、自分の生活の一部になっている。逆に言えば、いままさに行ったように、見知らぬ外国の言葉と対比させるなど、馴染みのものをそれとしていわば再発見するきっかけが訪れなければ、馴染み深いものに対して我々はその馴染み深さや親しみを感じるわけではない、ということである。

この点について、ウィトゲンシュタインは次のように述べている。

> 「馴染んでいる」とか「自然だ」という感じ。馴染んでいない感じや不自然な感じを見出すことの方が簡単だ。……我々は、路傍に見える石ころをそのようなものとして認識するが、しかし、ずっとそこにある石ころとして認識するわけではない。我々はある人を（言うなれば）人として認識するが、馴染みの人として認識するわけではない。とても親密な感じというものは存在する。その感じの表出は、眼差しであったり、「この懐かしい部屋！」という言葉であったりする（私はこの部屋に長年住んでいて、昔と何も変わっていないことをいま再発見したのだ）。同様にして、よそよそしい感じというものが存在する。私ははっと驚き、その対象ないし人物をじろじろと――あるいは、訝しげに――見つめて、「これは私には全くよそよそしいものだ」と言う。――しかし、そうしたよそよそしい感じがいまや存在するからといって、我々がよく知っていて、よそよそしいとは感じない対象について、それらはどれも親密な感じを我々に与えている、などと言うことはできない。――いわば、あるときによそよそしい感じが占めている場所が、ともかくも何らかの仕方で確保されているに違いないと我々は考えてしまう。その種の雰囲気が占めるべき場所というものがあって、もしもある雰囲気がその場所を占めていないのであれば、そのときには別の雰囲気が占めているのだ、という風に。（PII: 596）

つまり、よそよそしさを感じないことは親しみを感じることと同じではない、ということである。しかし我々は、〈ものは常に何らかの雰囲気を纏っており、ある雰囲気が存在しないときには、それとは反対の雰囲気が存在するのだ〉という風に、ありもしない雰囲気の幻影を想定してしまいがちである。「我々は哲学しているとき、いかなる感じもないところで感じを実体化したくなる」（PI1: 598）のである。たとえば、アメリカの哲学者・心理学者ウィリアム・ジェームズ（一八四二―一九一〇）は、「もしも（if）」や「しかし（but）」といった言葉が帯びる独特の感じ、すなわち、「もしも感（feeling of if）」や「しかし感（feeling of but）」と彼が呼ぶものを探究するよう促している（James 1890: 238）。ウィトゲンシュタインはこれを批判して、「もしも感とは、『もしも』という言葉に随伴する何かではありえない」（LW1: 368）と強調するのである。

そのような、言葉に随伴する何か――言葉のいわば似姿であるような、言葉以外の実体――という幻影が、「文字禍」の物語ではまさに霊魂という実体を与えられて描かれていると言えるだろう。老博士は、文字のゲシュタルト崩壊を体験し、文字がよそよそしい死物として感じられるようになったことから、逆に、以前は文字に生命を与えていた何か霊魂の類いがずっと存在していたはずだと推理する（第1章1―1）。ウィトゲンシュタインの以下の指摘は、まさにそのような思いなしに対して向けられたものだと言えるだろう。

自分たちの言語を理解している人なら誰でも、どの言葉にも一個の表情が宿っていると言いたくなる、というのは本当に確かなのだろうか。そして――これが最も重要なのだが――そのように言いたくなる気質は、我々のもつどのような一般的な傾向に属しているのだろうか。

まず明らかなのは、この、言葉を何か親密なもの、魂あるものと見なすという傾向は、常に存在するわけではないし、いつも同じ程度に存在するわけでもない、ということである。（RPP1:

323-324)

言葉にはそれぞれ固有の表情が宿っていると言いたくなる傾向、言葉を何か親密なもの、魂あるものとして見る傾向を、我々は常にもっているわけではない。むしろ、言葉をそのように感じるのは特殊なケースに限られる。たとえば、先の「素晴らしい」と「herrlich」のケースのように、馴染みのない言葉との比較をきっかけに、普段使っている言葉の馴染み深さを再発見するケース。あるいは、それこそ老博士のように、ゲシュタルト崩壊を起こした言葉をよそよそしいもの——魂が抜けたような、無表情のもの——として感じることで、それまでは馴染み深かったはずのもの、本来は親密であるはずのものとして際立ってくる、といったケースなどである。いずれにせよ、重要なのは、親しんでいることと親しみを感じることは同じではない、という点である。「素晴らしい」という言葉に我々がいかに馴染んでいるからといって、常に馴染み深さを感じているわけではないのである。[10]

ただ、そうだとすると、ウィトゲンシュタインは二つの相反する主張を行っているように思われる。先に確認したように、彼は一方では、〈言葉を理解していると言えるためには、その使い方を知っているだけでは足りない。言葉を体験している——胸の内に感じている——のでなければならない〉と主張しているように見える。しかし、他方では、〈理解している言葉に対して我々は何かを感じ続けているわけではない〉とも主張しているように見えるのである。これはいったいどういうことだろうか。彼は結局のところ、言葉の理解とはその使い方の理解に尽きると言っているのだろうか。それとも、そうではないのだろうか。

実は、この矛盾ないしは緊張関係こそが、ウィトゲンシュタインの言語論の勘所をかたちづくっている。これからその内実を明らかにしていくことにしよう。

1―3　魂なき言語と魂ある言語

言葉を胸の内に感じること、言葉を体験することは、言葉の理解というものにとってどれほど重要だと言えるのだろうか。この、先に掲げた第一の問い（76頁）に接近するために、ウィトゲンシュタインはいくつかの箇所で、そうした体験と無縁な言語というものを想定し、それがどういう特徴をもつことになるのかを考察している。

……我々は次のような言語を考えてみることができる。すなわち、その使用に際して我々が記号から受ける印象というものが何の役割も果たさないような言語――そこでは、そうした印象という意味での理解が問題にならない言語――である。その諸々の記号が書かれ、伝達されると、我々はそれらをともかく認知する。（つまり、そこでは記号の像だけが、取り上げられる唯一の印象である。）そして、それがたとえば命令であれば、我々は規則集や表に従ってその記号を行為へと置き換えるわけである。（PG: 124）

その使用に際して言葉の「魂」がいかなる役割も果たさないような言語もありうるだろう。たとえば、ある言葉を任意に考案した新しい言葉で置き換えることなど我々が全く意に介さない、というような言語が。（PI1: 530）

個々の記号から受ける固有の印象というもの、あるいは言葉の「魂」というものが、使用に際して何の役割も果たさない言語があるとしよう。より正確に言えば、当の記号を認知するという体験以外、何の体験も意味を成さない言語である。その言語は、たとえば「◎」や「◇」や「□」等々の記号から構成されているかもしれない。我々は、各記号やその組み合わせが何を意味するのか、つまり、自分たちのどのような言葉に置き換えることができるのかを、規則集や表（それは辞典や文法書のようなものだろう）を参照することで確認する。「◎◇」という記号を認知すると、我々は規則集や表を見て、それが「歩け」を意味すると知り、実際に歩いてみせる、といった具合である。

注意すべきなのは、ここで想定されている〈魂なき言語〉とも呼ぶべきものは、見知らぬ外国語とは似て非なるものだ、ということである。たとえば、ドイツ語に通暁していない日本人が「herrlich」という記号を認知すると、独和辞典を引き、日本語のどのような言葉に翻訳できるかを調べるだろう。ただ、それは、その人にとってそのときにそうであるに過ぎない。ドイツ語のネイティブなら、「herrlich」を別の言語の言葉に翻訳したりはしないのである。

いま想定されているのは、初学者にとってのドイツ語のようなものではなく、誰にとっても常に〈魂なき言語〉であるようなものである。それが何かを、ウィトゲンシュタインは次の引用のなかで提示している。

> ある言葉の正書法（Rechtschreibung）が変更されるときに感じる不快さについて考えてみよ。（また、言葉の書き方に関する疑問が引き起こした、もっと深い感情についても。）もちろん、すべての記号形態が我々に深く刻み込まれているわけではない。たとえば、論理代数の記号は、我々のなかに深い感情をかき立てることなく、別の任意の記号によって置き換えることができる。（PII: 167）

現代の記号論理学の分野では多様な人工言語（記号体系）が発明されており、命題の否定（「xではない」）を表す記号も、それぞれの体系によって、「$\neg x$」、「$\sim x$」、「$\bar{x}$」など様々である。否定を「¬」で表すか「~」で表すかというのは、そうした人工言語にとっては本質的な点ではない。その意味で、記号論理学で使用される人工言語は〈魂なき言語〉だと言える。もちろん、特定の記号に愛着があり、一方を他方に置き換えることに対して心理的な抵抗を覚える人もいるだろう。ただ、繰り返すならば、そうした感情は記号論理学の営みにおいて必要とされるものではない。表記の利便性や体系のスリム化等々の点でより有用な表記法が開発されれば、既存の表記法の破棄はむしろ推奨されることだろう。

問題は、この種の人工言語だけではなく、日本語やドイツ語といった自然言語に関しても同じことが言えるのか、ということである。

たとえばドイツやオーストリアには、ドイツ語の正しい表記法を示す公的な正書法が百年以上前から存在し、主として学校教育の現場で法的拘束力をもっている。具体的な規定は、言語学者コンラート・ドゥーデン（一八二九—一九一一）が一八八〇年に編纂した『正書法辞典』に拠ることと定められ、その後、同辞典の度重なる改訂に伴って規定は複雑さを増していった。一九九七年には正書法本体に大改定が行われて、これまで「daß」と綴られてきた言葉を「dass」に変更することなどが定められた。そうした新たな表記法に対して「不快さ」を感じるドイツ語圏の住人は、正書法改正から二十年経った現在でも数多い。従来の記号形態が、彼らに「深く刻み込まれている」からである。また、言語使用を国家が律することに対して、自由や人格にまつわる基本権を侵しているという旨の違憲訴訟を起こす人々もいる。[11]（なお、フランス語やポルトガル語、韓国語、モンゴル語等にも同様に公的な正書法は存在するが、その法的拘束力や普及度はまちまちである。また、日本語には公的な正書法は存在しないと言われることもあるが、「彼の言うとうり」は間違いで「彼の言うとおり」が正しい、であるとか、「彼わ言った」は間違いで「彼は言った」が正しい、といった、表記法の正しさに関して広く認められている前提は当然存在するし、新仮名遣いや新字体の制定、常用漢字の選定、国語審議会および文化審議会国語分科会の答申などによって、公的機関が正しい日本語表記の指針を示すことも行われている。さらに、安田（二〇一六）が跡づけているように、漢字の廃止やローマ字化など、表記法の根本的な変更を目指す大規模な運動もたびたび起こっている。）

いずれにせよ、長い間生活の一部として馴染んできた自然言語の使用に対して、あるとき急に変更や制限が加えられると、当該の言語を使用してきた少なからぬ人々が不快感や抵抗感、違和感といったものを覚えることになる。「daß」を「dass」に変更する、「彼は言った」を「彼わ言った」に変更する、という程度なら、「~」を「-」に変更することと大差ない、要するに表記法に関する慣れの問題に過ぎない、と言う人もいるかもしれない。しかし、たとえば、「吾輩《わがはい》」や「儂《わし》」、「わらわ」、「私」、「僕」、「うち」といった一人称はすべて廃止して、たとえば「アイ」という新語に統一するという法律が仮に施行されたとしたら、強い反発を招くことになるだろう。「吾輩は猫である」を「アイは猫である」に置き換えてしまえば、全く違う表現に変質してしまう――多くの人がそう感じることだろう。

ウィトゲンシュタインによれば、「言葉というものには魂があるのであって、単に意味があるだけではない」(PG: 32)。ここで「魂がある」と対比させたかたちで言われている「意味がある」とは、おおよそ、「別の言葉に置き換えられる」ということを指している。たとえば、「吾輩」という言葉に馴染みのない子どもに、「『吾輩』ってどういう意味？」と訊かれたら、我々は、「それは『私』のことだ」などと答えるだろう。その限りで、「吾輩」は「私」に置き換え可能だと言える。実際、英語に翻訳すれば、どちらも同じ一人称代名詞「I」で表される。しかし、他方では我々は、「吾輩」という言葉を「私」や「I」などに完全に置き換えることができるとも考えないのである。

1―4　理解の二面性

この微妙なポイントは、言葉の表情や響き、ニュアンスといったものが際立って露わになる言葉、つまり詩的な表現において如実に先鋭化する。いま取り上げた「吾輩は猫である」という文もその一例だが、もうひとつ例を出しておこう。アンデルセンの「旅することは生きることである」という隠喩《メタファー》である。[12]

この謎めいた文を人がどう理解しているかは、ある面では、その人がこれをどんな文に置き換えられるかを通じて示されるだろう。たとえば、当初はこの文の意味がよく分からない。だが、そのうちにふと、「旅することは生きることである」というのは「旅の過程は人生の縮図になっている」ということを意味しているのかな、と閃く。そしてさらに、いや、「旅をしてこそ生きている実感を得ることができる」と言っているのかもしれない、とか、「旅とは、ひとつ所に留まらず新たな経験をし続けることである」という意味にもとれる、という風に、他の解釈が頭に浮かんでくることもあるだろう。詩的な表現の重要な特徴は、まさにこのように、豊かな解釈やイメージを喚起する力にあると言える。[13]

しかし、他面では、どの文に置き換えたとしても、元の「旅することは生きることである」という文がもっていた独特の表情――あるいは、面白味、味わい、色合い、趣《おもむ》き、詩情などと呼ばれるもの――が完全に損なわれてしまうだろう。ジョークを解説することがまさにそのジョーク自体を殺してしまうことであるように、詩をパラフレーズして別の言葉に置き換えれば、その詩自体が台無しになってしまう。そして、我々はそのことをよく理解しているはずである。ウィトゲンシュタインの別の言葉を借りるなら、「ある詩の言葉が、対応する決まりに従って別の言葉に置き換えられたとしても、その詩は本質的には変わらないなどとは誰も思わない」(PG: 32) ということである。

以上のポイントを、ウィトゲンシュタインは次のようにまとめている。

我々が文の理解について語るのは、それが、同じことを述べている別の文に置き換えられるという意味においてであるが、しかしまた、それが他のいかなる文にも置き換えられないという意味においてでもある。(ある音楽の主題を別の主題で置き換えることができないのと同様に。)

ある場合には、文の内容は異なる文に共通なものであるが、別の場合には、その言葉だけがこの配置のなかで表現している何かなのである。(詩の理解。)

そうすると、「理解している」ということには、ここでは二つの異なる意味があるのか。――むしろ私は、「理解している」のこうした使い方の種類こそ、その意味をかたちづくり、理解というものについての自分の捉え方をかたちづくっていると言いたい。というのも、私は「理解している」〔という言葉〕をこれらすべてに適用したいのだから。(PI1: 531-532)

肝心なのは、ここで彼が、言葉を理解しているということの二つの側面を強調している点である。ひとつは、他の言葉に置き換えられるという側面である。たとえば、「せつない」とはどういう意味かと訊かれたら、我々は、「胸が締めつけられる気持ち」という意味だとか、「やるせない」、「しんみりする」、「かなしい」、「つらい」という意味だなどと答えるだろう。ここで、さらに「つらい」とはどういう意味かと畳みかけられたなら、生活のなかで「つらい」がどう使われるかを説明する以外にないかもしれない。つまり、言葉の意味を説明する際には、相手も知っていると思われる言葉に置き換えてみせるのが簡便な場合が多いだろうし、その手が尽きれば、最終的には使い方の説明や、対応する事物の提示などに切り替えることになるだろう。

そして、言葉を理解しているということのもうひとつの側面は、言うなれば、他のどんな言葉に置き換えてもしっくりこない、というものである。「せつない」という言葉は、やはり「やるせない」などの他の言葉に置き換えることはできない。この言葉だけが帯びる独特の表情や響き、ニュアンスといったものがある。それを感じ取ることができてはじめて、この言葉を理解していると言えるように思われるのである。

しかし、だとすると、言葉を理解しているということで我々が指す事柄には、二つの全く背反する意味が実は混在しているということにならないだろうか。もしもそうだとすると、〈理解〉という概念は本当は、それぞれの意味に応じて〈理解A〉〈理解B〉という風に、別々の言葉として分割して考えた方がよい、ということになるのではないか。

この疑問に対してウィトゲンシュタインは、いまの引用の後半で、〈理解〉という言葉をそのように分割して捉えるべきではないと回答している。〈理解〉という言葉を我々が用いる多様な仕方、その全体によって、他ならぬこの言葉の意味がかたちづくられているというのである。もう少し具体的に言えば、他の言葉に置き換えられるというのは、言葉を理解しているということのあくまでひとつの側面を構成するに過ぎない。他の側面も合わせた全体を見渡すことではじめて、〈理解〉とは何かを十全に捉えることができる、ということである。

1―5 まとめと展望

話が少し込み入ってきたので、本章のここまでの流れをまとめておこう。

ウィトゲンシュタインは、言葉が生活のなかでどう使われるかという観点に軸足を置き、言葉を発するということが振る舞いの一種であることを強調する。しかし、言葉をどんなときにどう発するか（どう振る舞うか）を知るだけで、はたしてその言葉を理解したことになるのか。この問いを前にして、ウィトゲンシュタインは一見すると分裂した立場を示している。すなわち、彼は一方では、〈言葉を理解していると言えるためには、その使い方を知っているだけではなく、言葉を体験しているのでなければならない〉と主張しているように見える。しかし、他方では彼は、〈理解している言葉に対して我々は何かを感じ続けているわけではない〉と主張しているようにも見えるのである。

この主張の分裂は、理解という概念の多面性に対応していると言えるだろう。言葉を理解しているということには、当該の言葉を別の言葉に置き換えられることが含まれる。この側面のみを見た場合、当該の言葉だけに宿っている独特の表情や魂といったもの、また、それを体験するとか胸の内に感じるといったことは、言葉を理解することにとって何の役割も果たさないことになる。つまり、「$\neg x$」を「$\sim x$」や「$\overline{x}$」に置き換えるように、たとえば「せつない」という言葉を「やるせない」とか「つらい」といった他の言葉に置き換えることができれば事足りる、ということになる。この見方は、先の二つの主張のうち、後者の〈理解している言葉に対して我々は何かを感じ続けているわけではない〉という主張を支持するものだと言えるだろう。

しかし、論理学の言語とは異なり、我々が生活のなかで用いている自然言語（日本語、ドイツ語等）の言葉にはそれぞれに固有の魂がある、とウィトゲンシュタインは言う。「せつない」を「やるせない」等々に置き換えても何の違和感も覚えない、あるいは、「旅することは生きることである」を「旅の過程は人生の縮図になっている」等々に置き換えても何も失われたと感じない、という人がいるとすれば、その人はこれらの言葉を真に理解していないと判断されるだろう。言葉を理解しているということには、当該の言葉を他のどんな言葉に置き換えてもしっくりこないということも含まれるのである。この側面を強調するなら、先の二つの主張のうちの前者、すなわち、言葉を理解していると言えるためにはその使い方を知っているだけではなく、言葉を体験している——胸の内に感じている——のでなければならない、という主張が説得力を増すだろう。

ウィトゲンシュタインは、相反するこれらの見方のいずれかに肩入れするのではなく、むしろ両者をともに受け入れ、その間を調停しようとしている。彼の立場が分裂して見えるのはそのためである。では、その調停はいかにして可能なのだろうか。

この点を明らかにするために、次節ではまず、彼が「アスペクト（相貌、表情）」の変化と呼んで着目する現象について取り上げ、また、その現象と本質的に結びついていると思われる言葉の理解の一形態を確認する。それは、「言葉の立体的理解」とも呼びうるあり方である。

第2節　言葉の立体的理解

2—1　「ゲシュタルト構築」としてのアスペクト変化

ウィトゲンシュタインは晩年に差し掛かる頃、ある断章のなかで、自らが経験した不思議な感覚について綴っている。まず、その箇所を見ておこう。

> 周囲のものの非現実性の感覚。私は一度この感覚に襲われたことがある。そして、多くの人はこの感覚を、精神的な病《やまい》が発症する前に感じる。すべてがなんとなく現実でないように感じられるのだ。しかしそれは、不明瞭に見える——あるいは、ぼやけて見える——といった感じではない。すべてはいつもと全く同様に見えるのである。(RPP1: 125)

ここで言われている〈周囲のものの非現実性の感覚〉が、「文字禍」と「チャンドス卿の手紙」の主人公たちも襲われた離人症的な感覚であることは間違いないだろう。すなわち、周囲のものが現実感のないよそよそしい異物、ないしは冷たい死物に感じられる、という感覚である。

注目すべきなのは、この種の感覚に襲われる前と後とで、ものの見え方自体にはある意味で何も変化がない、とウィトゲンシュタインが指摘している点である。たとえば、「今」という文字を構成する線の数や配置自体は、これがゲシュタルト崩壊を起こした後も、以前と全く変わらない。それが不明瞭に見えるようになったわけでも、ぼやけて見えるようになったわけでもない。それでも、この文字のゲシュタルト《かたち》が崩壊してしまったように感じる。つまり、比喩的な意味でこの文字の輪郭が崩れて曖昧になってしまったように感じるのだ。

この点に、ウィトゲンシュタインは尋常ならざる関心を寄せ、膨大な遺稿を残している。そのなかで彼は、〈ある意味では以前と同じなのに、ある意味では変化している〉という事態を指すために、「アスペクト（Aspekt）」という言葉を用いている。これを敢えて日本語にするならば、「相貌」や「表情」といった言葉に訳すのが適当だろう。たとえば、「今」という文字がゲシュタルト崩壊を起こす前と後とでは、この文字の外見的なかたちは変わらないが、そのアスペクト（相貌、表情）が変わった、そうウィトゲンシュタインは表現するわけである。[14]

彼は、そうしたゲシュタルト崩壊としてのアスペクトの変化についてもたびたび言及しているが（LW1: 784; cf. PI2: 261）、それよりもむしろ、意味のない形状や音響であったものが有意味なものに変化するという、ゲシュタルト崩壊とは逆向きの変化について、数多くの考察を行っている。たとえば、ピカソの絵画とブルックナーの音楽を例にした次のような一節である。

> ピカソのある絵画について私は、自分にはこれは人間として見えていない、と言うことがありうるだろう。あるいは、他の絵画について、かつてはこの絵画が表しているものをそれとして見

> ることができなかったけれど、いまはそう見えている、と言うことがありうるだろう。このことは実際、長い間これは到底ひとつのまとまりとして聞こえなかったが、いまはそう聞こえている、ということに似ている。かつてはこれは途切れてばかりの短い音の断片が続いているだけに思えたが、――いまは有機的全体（Organismus）として聞こえてくる。（ブルックナー。）（LW1: 677）

ピカソの抽象絵画。何が描かれているのか、以前は全く判然としなかった。しかし、いまは、一人の印象的な人間の輪郭が生き生きと立ち現れてくる。あるいは、ブルックナーの楽曲。聴き始めた当初は、各々の楽器がバラバラに、無秩序に音を立てているようにしか聞こえない。しかし、あるときから、それらが一個の表情豊かな音楽として、緊密に組み立てられた有機的なまとまりとして聞こえてくるようになった。ウィトゲンシュタインが右の引用で注目しているのは、そうしたいわば、ゲシュタルト崩壊ならぬゲシュタルト構築の現象としてのアスペクト変化である。

いま確認したのは、絵画や音楽のユニークな表現を新たにそれとして理解できるようになるという例だが、これと同様のケースは言語的な表現に関しても見出すことができる。すなわち、〈単なる線や音の集合が、にわかに有意味な言葉として立ち上がってくる〉というケースである。たとえば、元々有意味な言葉として見えていた（聞こえていた）ものが、ゲシュタルト崩壊から自然と回復するというケース。あるいは、不明瞭なノイズのように聞こえていた音が実は日本語だったことに気づくケース。あるいはまた、ただミミズがのたくっているようにしか見えなかった乱雑な線が、既知の言葉だったことに気づくケース、等々。

なかでも、本書で特に注目したいのは、単なる線や音の集合としか理解できなかったものが、これまで自分が知らなかった言葉として理解できるようになるケースである。言い換えれば、我々が——つまり、日本語をすでに習得している者が——未知の言葉を理解できるようになるという、語彙習得のひとつのパターンである。

そうした、語彙習得を伴う種類の〈ゲシュタルト構築〉の現象を、ウィトゲンシュタイン自身が直接論じているわけではない。とはいえ、前節の問いに答えるためにも、また、関連する彼の言語論を理解するためにも、これから取り上げる言葉の習得の例は重要な鍵となるはずである。

2―2 「見渡すこと」による言葉の習得

たとえば、「むつごい」という言葉がある。この言葉を全く知らない人にとっては、これは無意味な記号列と変わらないだろう。「これは讃岐地方、香川県でよく使われている方言であり、形容詞だ」と教えられれば、この「むつごい」という記号列から受ける印象も変わってくるだろうが、意味不明であることに違いはない。

そこで、香川県出身の人がたとえば次のような説明をしてくれたとしよう。

「『むつごい』というのは、揚げ物ばっかり食べて胸焼けするときとかに言うね。『油っぽい』とか

『もたれる』、『飽きがきた』という感じ。でも、それだけじゃない。『味が濃い』ということも指すし、『くどい』とか『しつこい』という意味のときもある。それから、食べ物以外にもよく使うよ。押しが強くて面倒な人に対して『あの人、むつごいわー』とか、すごく彫りの深い顔に対して『顔がむつごい』とかね。あと、絵とか模様なんかにも言うね。ごちゃごちゃしてたり、色使いがけばけばしかったりするものを指して、『この柄はちょっとむつごい』って言ったりする」。

　こうした説明を聞き、それを反芻していると、それまでは「むつごい」が無意味な記号列に見えていたとしても、固有の意味をもつ言葉として立ち上がってくるだろう。この過程で起こったのは次のことである。聞き手がすでに馴染んでいた既知の言葉、すなわち、

　「油っぽい」、「濃い」、「くどい」、「しつこい」、「ごちゃごちゃしている」、「けばけばしい」

といった言葉が、「むつごい」の意味として次々に並べられた。聞き手はこれらの言葉を見渡すことで、すべてが互いに連関しつつ、一個の有機的なまとまりを構成するように感じてくる。そして、まさにそう感じることにおいて、「むつごい」という言葉がもつ独特のニュアンスないしは表情と呼びうるものを摑んだのである。この過程は、別の言い方をすればこうも整理できるだろう。「むつごい」が「油っぽい」や「くどい」等々の言葉に置き換えられることを知ることで、逆に、そのうちのどの言葉にも完全には置き換えられない独特な言葉として「むつごい」という言葉を把握したのだ、と。

　別の例も挙げてみよう。北海道や東北地方の方言に「いずい」という言葉があると私が耳にする。それらの地方の出身者に意味を尋ねると、この言葉は、

　「窮屈」、「しっくりこない」、「収まりが悪い」、「歯がゆい」、「違和感がある」、「落ち着かない」、

「居心地が悪い」

といった、広く知られた馴染みの言葉に置き換え可能だと説明される。私がこの説明でピンときたとすれば、同時に、「いずい」を文字通りユニークな言葉として——他の言葉に置き換え不可能な固有の意味をもつものとして——理解したことになる。（ちなみに、いま並べられた言葉を見渡すだけではまだニュアンスを摑み切れない場合には、次のように、もっと多くの言葉を用いた、より個別的で細かい感覚を表現する言葉に置き換える説明を受けるだろう。たとえば、「いずい」というのは「目にゴミが入ってごろごろした感じがする」ということだ。それから、「床屋に行った帰り、シャツの襟首についた髪でチクチクする」ということも意味する。さらに、「買った服のサイズが小さかったり、逆に大きかったりして、着られはするけど、なんとも気持ち悪い」だとか、「三人掛けの椅子の真ん中に座ってしまい、どうも落ち着かない」といったことも意味する、等々。）

もうひとつだけ、同種の例を取り上げよう。それは、方言ではなく、外国語の単語を学ぶケースである。たとえば、「clout」という英単語の意味が私には分からなかったとする。そのとき私は、たとえば英和辞典や英英辞典を引いて調べてみるだろう。その結果、この言葉が、

「コツンと叩くこと」、「heavy hit」、「痛打」、「力強さ」、「影響力」、「勢力」、「power」、「influence」、「authority」

などに置き換えられることが分かる。すると、当初は単なる記号列でしかなかったこの「clout」が独特の響きを持ち始め、そこに固有の表情が宿り始めたかのように感じられてくるだろう。すなわち、いま並べられたどの言葉にも置き換えられない独特な意味をもつものとして、「clout」という言

葉が際立ってくるだろう。そして、実際の英文のなかにこの単語が出てきた場合には、そのつどの特定の文脈においてこれが「コツンと叩くこと」を意味しているのか、それとも「影響力」や「勢力」などを意味しているのかを特定していくことになるだろう。（ただ、これだけでは、この言葉を真に理解するにはまだ不十分と言えるかもしれない。この点に関しては、後の本章4―2で主題的に取り上げる。）

言葉のこうした理解のあり方——あるいは、理解の端緒となるあり方——を、本書では「言葉の立体的理解」と呼んでおくことにしたい。立方体や角柱、角錐などの多面体は、複数の平面が組み合わさることで奥行きのある立体的な図形として成立している。これと同様に、我々は個々の言葉を、多様な側面から構成される立体として把握することができる。より正確に言えば、我々はまず、類似しつつ別の意味をもった様々な言葉を順に辿っていく。そして、それらを見渡すことによって、そこに一個の有機的全体を見る展望が得られる。すなわち、多様な意味を側面や背面にもちながら、そのつど特定の意味が前面に立つ多面体それ自体として、言葉の輪郭を捉えることができるのである。

2―3　多面体として言葉を体験することに重要性はあるか

この「言葉の立体的理解」というあり方を踏まえれば、言葉の理解というものに対してウィトゲンシュタインが一見すると矛盾した主張を行っているという、前節で取り上げた問題を解消することができるだろう。

彼によれば、言葉を理解しているというのは、一方ではその言葉を他の言葉に置き換えられるということを指すが、他方では、他のどんな言葉に置き換えてもしっくりこないと感じられることを指す。いま、「むつごい」等の言葉を習得する例で確認したのは、この両者がまさに相即しているというあり方である。つまり、「むつごい」といった言葉が他のどんな言葉に置き換えられるかを理解することは、とりもなおさず、当の言葉が他のどんな言葉にも置き換えられないことを理解することにほかならないのである。

そして、このポイントは、「旅することは生きることである」といった詩的な表現の理解のあり方とも共通している。すなわち、この言葉が「旅の過程は人生の縮図になっている」とか「旅をしてこそ生きている実感を得ることができる」といった言葉に置き換えられることを確認することで、むしろ、そのうちのどの言葉にも完全には置き換えられない独特の表情をもつ言葉として把握する、というあり方である。

前章の論点を繰り返すなら、言葉それ自体が主題化・対象化する場面のうち、〈言葉のゲシュタルト崩壊〉は、言葉が生命を失い、言葉でなくなることによって悪目立ちをするケースである。その一方で、いま着目している〈言葉のゲシュタルト構築〉は、言葉が生命を得て、言葉として目立ってくるケースである。とりわけ、言葉の立体的理解が実現するときには、我々にとってその言葉は、多様な意味を抱えるがゆえにそれ固有の表情や色合いを宿すものとして体験されている。

では、言葉をこのような仕方で理解することには、我々の言語的実践にとって——ひいては、我々の多くの生活や社会全体にとって——どのような重要性があるのだろうか。あるいは、そもそも重要なのだろうか。これはまさに本書の主題であるが、一見すると、この問いに対しては否定的な答えが導かれるように思われる。

まず、詩的表現を味わうというのは、我々の言語的実践にとって必要不可欠とは言えない。もちろん、それがなければ我々の生活は随分とつまらないものになるだろう。しかし、それだけといえばそれだけだ——そう言われるかもしれない。

また、詩的表現ではなく、日常で用いられる言葉を我々が新たに習得するケースでも、〈言葉を立体的に理解し、その言葉固有の表情や色合いを摑む〉という体験は必ずしも必要なものではない。このことは、我々が第一言語を習得してきたプロセスを考えてみれば明らかだろう。たとえば、讃岐地方に生まれ育った人は、「むつごい」とは「油っぽい」でもあり、「濃い」でもあり、「くどい」でもあり……、という風に言葉同士の連関を辿っていく仕方でこの言葉を学んだわけではないだろう。生活のなかで、「むつごい」という言葉の様々な用法に、ゆっくりと自然に馴染んでいったはずである。

この問題は、当のウィトゲンシュタイン自身が執拗に追究しているものであり、彼が「アスペクトの変化」という現象を取り上げている主要な目的も、実はこの問題を考察することにある。次節では、その議論を具体的に跡づけていくことにしよう。

第3節　「アスペクト盲」の人は何を失うのか

3―1　アスペクト盲の思考実験

前節で確認した点を繰り返すならば、アスペクトの変化の体験とは、知覚している対象自体には何の変化もないにもかかわらず、それでもある意味では変化している、という体験である（RPP2: 474）。「実際、アスペクトの変化の表現とは、一致しつつ似ていないことの表現にほかならない」（LW2: 14/289）。すなわち、「同じだ――そして、にもかかわらず同じではない」（LW1: 174）という矛盾めいた事態に対する驚きを含む体験が、アスペクトの変化の体験だということである。

この体験を別の仕方で表現するならば、何かを別の何かとして知覚することの体験だとも言えるだろう。たとえば、以前は無意味な記号列として見ていた「むつごい」を、自分はいま有意味な言葉として見ている、という体験である。それゆえ、既知の言葉であっても、「かてい」という記号列を「家庭」という意味で捉えるとか、別の「仮定」という意味で捉えるということも、ウィトゲンシュタインはアスペクトの変化の体験の一種に数え入れている（LW1: 784; cf. PI2: 261）。

また、アスペクトの変化の体験には幾ばくか驚きの要素が入っていることから明らかなように、我が身に不意に訪れるものという特徴がある。もちろん、たとえば先の「clout」という英単語を学ぶ例において、英和辞典や英英辞典を引いて調べてみるというのは自分の意志で行っていることである。しかし、実際に「clout」の感触が分かってくるというのは、まさしく自分の意のままにならない体験である。

　それからもうひとつ、この種の体験の重要な特徴として挙げられるのは、それが文字通り束の間の体験だということである。「むつごい」や「clout」といった言葉の表情を摑んだ後、我々はそれを常に意識しているわけではない。本章第1節で確認した通り、我々は馴染みの言葉に対して生き生きとした感触を感じ続けているわけではないのである。また、前節で確認した通り、我々がいま馴染んでいる言葉の多くはそもそもそうしたアスペクト変化の体験を経由して習得したものではない。

　このように、アスペクトの変化の体験が、特殊な状況下で時折ふと訪れる束の間の体験であるとするなら、言葉に関してこの種の体験をすることにはいったいいかなる重要性があるのだろうか。この種の体験が織り込まれたかたちの〈言葉の理解〉というものは、言葉を理解すること一般にとって何か重要なものと言えるのだろうか。

　ウィトゲンシュタインは次のように問うことによって、この問題に接近しようとしている。すなわち、アスペクトの変化の体験をすることが決してできない——これを彼は「アスペクト盲[15]（Aspektblindheit）」と名づける——という属性をもつ人を想定し、その人が生活のなかで何を失うことになるのか、と問うのである。


　「アスペクトの変化を体験できるという」能力が欠如していると、どんな種類の帰結をもたらすのだろうか。その不足は、たとえば色覚異常（Farbenblindheit）や、あるいは絶対音感の欠如になぞらえることができるのだろうか。我々はその不足を（さしあたり）「アスペクト盲

（Aspektblindheit）」と名づけ、——これで何を意味しうるのかをよく考えてみることにしたい。（概念の探究。）（LW1: 778; Cf. PI2: 257）

まず注意すべき点は、ウィトゲンシュタインがここで想定している「アスペクト盲」とは、ものの特定のアスペクトを知覚できないことではない、ということである。アスペクト盲の人は、たとえば「むつごい」という言葉を無意味な記号列として見ることができる。また、たとえば讃岐地方に育ち、この言葉に自然と馴染んできたのであれば、あるときは「この料理はむつごいね」と語ることができるし、別のときに他人が「あの顔はちょっとむつごい」と語ったときも、その意味を理解できる。その人にできないのはただ、「むつごい」という言葉の感じを摑む体験をすることや、あるいは、「いま自分は『むつごい』を『油っぽい』という意味で理解している」とか「いまは『くどい』という意味で理解している」と自覚することだけである。（したがって、他人からすれば、アスペクト盲の人について、「いま彼は『むつごい』を『油っぽい』として理解している」と言うことは普通にできる。）

つまり、ここで想定されているアスペクト盲の人は、ものを見たり、聞いたり、色の区別をつけたりすることはできる。その意味で、知覚に障害や異常があるわけではない。また、絶対音感をもっていることすらありうるだろう。では、アスペクト盲の人は実際のところ何を失っていることになるのだろうか。知覚に障害や異常がある場合には、生活を送る上で生じる様々な不便に対処し、様々な場面で健常者とは異なる仕方で行為する必要が出てくる。また、絶対音感をもっている人ともっていない人の間にも、聴いた楽曲の再現や楽器のチューニングといった様々な場面で、具体的なやり方の違いが出てくるだろう。では、アスペクト盲の人の生活や個々の実践は、我々のそれとどういう違いが出てくるのだろうか。ウィトゲンシュタイン自身は次のように問うている。

「アスペクト盲」という概念の重要性は、アスペクトを見ることと言葉の意味を体験することの類縁性にある。なぜなら、「言葉の意味を体験しない人には何が欠けているのか」ということを我々は問いたいからである。

たとえば、「『かてい』という言葉を言い、仮定を意味せよ」、とか、「『やく』という言葉を名詞〔訳《やく》〕としてではなく動詞〔焼《や》く〕として言え」ということが何を意味するかが分からない人がいるとすれば、その人には何が欠けていることになるのか。[16]――あるいはまた、この言葉を十回繰り返し発すると意味をなくし、単なる音響になってしまうということが理解できないならば、その人には何が欠けていたことになるのだろうか。（LW1: 784; cf. PI2: 261）

これまで「家庭」を意味していた言葉「かてい」が、同じ音声（記号）でありながら、いまは「仮定」を意味しているということを、アスペクト盲の人は理解できない。また、その人は、〈言葉を繰り返し発していると意味をなくし、単なる音響になってしまう〉といったゲシュタルト崩壊の現象も理解できないし、逆に、〈単なる音響が意味をもち、言葉として立ち上がってくる〉というゲシュタルト構築の現象も理解できない。

それゆえ、ウィトゲンシュタインは「アスペクト盲」のことを、別の箇所では「かたち《ゲシュタルト》盲

(Gestaltblindheit)」(RPP2: 478)、と呼んだり、あるいは「意味盲(Bedeutungsblindheit)」(RPP1: 175ff; RPP2: 571ff) とも呼んでいる。言葉のかたち《ゲシュタルト》が崩れて意味を失う体験も、言葉がかたち《ゲシュタルト》を成して意味をもつ体験も、その人はできないからである。[17]

ともあれ、そうしたアスペクト盲(かたち《ゲシュタルト》盲、意味盲)の人には、いったい何が欠けていることになるのか。生活のなかでどのような困難に見舞われるのだろうか。繰り返すように、ウィトゲンシュタインが「アスペクト盲」を想定する思考実験を行う主眼はそこにある。

3—2 アスペクト変化の体験は瑣末なものか

いま確認した通り、アスペクト盲(かたち《ゲシュタルト》盲、意味盲)の人はたとえば、「文字禍」の老博士や「チャンドス卿の手紙」のチャンドスが見舞われた現象、すなわち、言葉がゲシュタルト崩壊を起こす現象を体験できない。しかしそれは、彼らのような恐怖や焦燥に襲われないということだから、むしろ歓迎すべきことではないだろうか。また、その人は、言葉のゲシュタルト構築を体験できないわけであるが、我々が小さな子どもの頃にたとえば「家庭」という言葉を習得したとき、そのような体験はしなかったはずである。先にも確認したように、我々は第一言語の言葉の多くを、ゆっくり、少しずつ、その様々な用法に自然と馴染むかたちで学んできたことだろう。

もちろん、母語(第一言語)をマスターした後に別の地方の方言や別の言語の言葉を学ぶという場合には、既知のどのような言葉に置き換えられるかを次々に見ていくというのは、生活のなかで自然と馴染んでいくよりも遙かに手っ取り早い方法であることは確かである。しかし、その種の体験が言葉の習得に不可欠だとは少なくとも言えない。

では、アスペクト盲の人が被る不利はほかにないのだろうか。さしあたり指摘できるのは、彼らは〈言葉が同じでありつつ同じでない〉という体験をすること全般と無縁であるのだから、駄洒落や掛《かけ》詞《ことば》など、言葉に二重の意味をもたせることを利用した言葉遊びと無縁だ、ということである。ウィトゲンシュタインはたとえば次のような英語のジョークを例に出している。

〈美容師と彫刻家の違いが何か知ってるかい？　——美容師は縮こまって死ぬ（curls up and dyes）けど、彫刻家は顔を歪めてぶっ倒れる（makes faces and busts）のさ〉

このジョークは、「curl up and dye（髪を巻いて染める）」と「curl up and die（縮こまって死ぬ→人目を避けて死ぬ）」とを掛け、さらに、「make faces and busts（顔や胸部をつくる）」と「make faces, and bust（顔を歪めて、ぶっ倒れる）」とを掛けたものだが、こうした種々の言葉遊びについて、彼は次のように指摘している。

「もし人が言葉の意味を体験しないんだったら、どうやって言葉遊びに笑うことができるんだ？」。《美容師と彫刻家。》——人はそうしたジョークに笑う。そしてその限りで、人は言葉の意味を体験していると（たとえば）言うことができるだろう。（LW1: 711）

同じことを、日本語のジョークでも確認しておこう。たとえば、「うちのじいちゃんが最近冷たい」という文。「冷たい」という言葉がここでは「冷淡」ではなく、文字通り冷たいこと、「死んでいる」ことを意味していると気づき、不謹慎ながら思わず笑いがこぼれてしまうとしよう。こうしたときには、まさにアスペクトの変化に直面し、言葉を体験している――あるいは、言葉の意味を体験している――と言えるだろう。逆に言えば、アスペクト盲の人はこの種のジョークを面白いと感じることが決してできない、ということである。

しかし、だからなんだというのだろう。そう反論されるかもしれない。言葉遊びというものは、少なくとも我々の生活に必要不可欠なものではない、と。同様に、前節で確認した通り（100頁）、詩的な表現をそれとして味わうためにも、言葉を体験できることが重要だと言えるだろう。ただ、そうだとしても、そもそも詩も我々の生活にとって不可欠ではないと反論されるかもしれない。

確かに、ジョークや詩を一切楽しまない人がいる、というのは想像可能だろう。ここで少なくとも言えることは、我々が普段「冷たい」や「じいちゃん」といった馴染みの言葉を使用しているときには、言葉自体を絶えず意識してなどいない、ということである。とりわけ、「冷たい」というかなり馴染み深い言葉であれば、この言葉それ自体に注目するのは特殊な場面に限られるだろう。たとえばいま挙げたような、ジョークに笑う場面や、詩を味わう場面。それから、本章1―2（78頁）で取り上げたような、馴染みの言葉を疎遠な言葉と比較する場面などである。

後者の場面をもう一度確認しておこう。我々は普通、たとえば「素晴らしい」という言葉それ自体に対して、何のきっかけもなく関心を向けたりはしない。「herrlich」といった疎遠な言葉と比較するような特殊な場面において、「素晴らしい」はまさに親密な言葉として再発見されるのである。（それはちょうど、たとえば旅行から帰ってきたときなどに、長年住んでいる部屋の馴染み深さがそれとして感じられるのと同様である。また、いつも使っている道具の馴染み深さに注意を惹かれるのも、新しい道具を試用してみたときなどがきっかけとして必要だろう。）

ともあれ、以上のことから、ここで再び前節の問題——76頁で掲げた問い（1）——が首をもたげてくることになる。すなわち、言葉を体験することは言葉の理解というものにとってどれほど重要なのか、という問題である。それは束の間に訪れる体験に過ぎない。そして、それ以外のときも、我々は言葉を理解していると言えるのである。では、そこに何か重要性を見出すことはできるのだろうか。

ここまで出てきたケースを見る限り、この問いに対する答えは否定的なものになりそうである。実際、ウィトゲンシュタインは、まさにそう思えてしまうからこそ「アスペクト盲（意味盲）」を想定したのだと述べている。

> 私が「意味盲」という事例を想定したのは、言語を使用する際には意味を体験するということは重要性をもたないように思われるからであり、したがって意味盲の人は、あたかもたいしたものを失うはずがないかのように思われるからである。（RPP1: 202）

彼がここで強調しているように、我々が普段の生活において、馴染みの言葉を自然に用いつつ様々な実践をしているときには、言葉を体験する（あるいは、言葉の意味を体験する）ということが重要性をもつようには思われない。というのも、その体験とは、そうした滑らかでよどみのない言語使用をいったん止めて、あらためて言葉それ自体に注目するということだからである。

本章第1節（82－84頁）で、この問題に接近するためにウィトゲンシュタインがとるひとつの筋道として取り上げたのは、言葉に魂が存在しないという事態、つまり、違和感や不快感を覚えることなく、ある記号を別の任意の記号に置き換えることができる、という事態を想定する議論である。同様に、本節で見てきたウィトゲンシュタインの「アスペクト盲」をめぐる議論も、先に見たように、〈あるものの重要性を確認するために、そのものが存在しない事態を想定する〉という戦略に基づいている。彼は、言葉を全く体験できないという事態を想定するところからこの問題に迫るのである。そしてその結論は、右の引用の通り、アスペクト盲の人はたいしたものを失わない、というものであるかに見える。

しかし、本当にそうなのだろうか。先の引用をもう一度見直してほしい。ウィトゲンシュタインは、「言語を使用する際には意味を体験するということは重要性をもたないように思われる」と、（自ら「使用する」に強調を入れつつ）述べている。そして、そう思われるからこそ、あたかもアスペクト盲（意味盲）の人はたいしたものを失わないかのように思えるのだ、と続けている。

確かに、我々が普段の生活において、馴染みの言葉をよどみなく使用しているその最中には、言葉を体験することはないだろう。というのも、繰り返すようにその体験とは、そうした滑らかな言語使用を中断したうえで、言葉それ自体に目を向けるということだからである。しかし、逆に言えばそうした契機は、たとえば使用すべき言葉を決める際に必要になるのではないか。また、使用していた言葉を振り返り、よりよく理解するためにも必要なのではないだろうか。

3—3 〈しっくりくる言葉を選び取る〉という実践

実際、言葉を立体的に理解するというプロセスそれ自体は、ある重要な実践において不可欠な役割を果たしている。それは、〈しっくりくる言葉を選び取る〉という実践である。まず、ウィトゲンシュタインの以下の叙述を見てみよう。

> 言葉の馴染み深い表情。言葉がその意味をみずからのうちに取り込んでおり、その意味の生き写しになっているという感覚。——そうしたことすべてと無縁であるような人々が存在するかもしれない。（そのような人々には、自分たちの言葉に対する愛着がないだろう。）——ところで、そうした感覚は我々の場合にはどうやってあらわれるのだろうか。——我々が言葉を選び、それを評価する仕方のなかで。（PI2: 294）

ある言葉が馴染み深い表情を帯びて立ち現れてくる体験。他の言葉に完全には置き換えられないその言葉独特の表情を摑んだという感覚。これまで見てきたように、アスペクト盲（かたち《ゲシュタルト》盲、意味盲）

の人はそうしたものと無縁である。それゆえ彼らは、言葉に対して、それがたとえ自分が長い間用いてきたものであったとしても、愛着をもつことはないだろう。たとえば「せつない」を他の言葉や新しい記号に置き換えて使用しても、違和感や不快感を覚えることはないだろう。

翻って、我々の場合には、言葉に対してそのように淡泊ではいられないだろう。本章1―3（85―86頁）でも触れた通り、公的機関によって正書法が改定されたり、馴染みの言葉を何か別の造語に置き換えるよう指導されたりした場合、それに反発する人々は多い。また、これも既出の論点を繰り返すなら、ときに言葉遊びを楽しんだり詩的表現を味わったりすることや、類似しつつ異なる様々な言葉を見渡すことで新たな言葉を学べるということも、アスペクト盲の人とは異なる我々自身の特徴に含まれる。さらに、我々は日常のもっと広範な場面で、言葉を頻繁に体験しているのではないだろうか。その場面を、ウィトゲンシュタインはいまの引用の後半で指摘している。すなわち、言葉を選び、それを評価する仕方のなかで、アスペクト盲の人には無縁の感覚が我々にあらわれてくる、というのである。これはどういうことだろうか。

我々は日々の生活のなかで、言葉同士を比較し、評価し、口に出すべき言葉（あるいは、書き出すべき言葉）を選び取る、という実践を行っている。たとえば、ある友人の性格について、私が誰かから尋ねられたとしよう。はじめに私の念頭に浮かんできた言葉は、

「弱い」

だったが、どうもしっくりこない。私は別の似た言葉を探す。すると、

「繊細」

という言葉が思い浮かぶ。これもしっくりこないので、さらに、

「上品」、「温厚」、「おおらか」、「親切」

といった言葉へと次々に連想を広げていく。そして、

「やさしい」

という言葉に至ってはじめて、この言葉がぴったりだと満足する。そして、「やさしい奴だよ」と口に出す。――この種の実践において我々は、類似しつつも異なる言葉の微細な表情や響きといったものの違いを評価し、そのなかで「やさしい」という言葉が際立ってくることを体験している。これはまさに、「やさしい」という馴染みの言葉をあらためて立体的に理解するプロセスの一種だと言えるだろう。

この点についてさらに掘り下げる前に、ここでまず、〈しっくりくる言葉を選び取る〉という実践をめぐってひとつの重要な論点を取り出しておきたい。いまの例で言えば、最初に浮かんだ「弱い」という言葉では私はしっくりこなかった。では、何と比べてだったのだろうか。「やさしい」という言葉と比べてだろうか。そうではありえない。なぜなら、そのときには「やさしい」という言葉は出てきていなかったからである。後になってみれば、「やさしい」と比べると「弱い」はしっくりこない、ということだったと分かる。しかし、言葉を探していた当時にその比較は当然不可能だった。「やさしい」という言葉を私が不意に思いつくことができたのは、単純に忘れていたにせよ、あるいは吟味が足りなかったにせよ、この言葉のことが文字通り念頭になかったからである。だからこそ、「この言葉だ！」という風に、はっと気づくことができたのである。繰り返すなら、あるものの存在

に気づくためには、原理的に、その当のものがあらかじめ念頭にあってはならない、ということである。

いや、だとしても、ぴったりの言葉を探していたときには、その言葉に対応する何か——つまり、「やさしい」という言葉それ自体ではないものの、この言葉だけが帯びる独特の表情や響き、ニュアンス、あるいは魂といったもの——と、「弱い」という言葉のそれとを比較したのではないか。そうでなければ、ぴったりの言葉が出てきたときに「これだ！」と感じることができないではないか。そう思えるかもしれない。しかし、我々はそもそも、〈やさしいという言葉の独特の表情〉なるものをそれ単独で捉えることなどできるのだろうか。つまり、当の「やさしい」という言葉なしに〈表情〉なるものがそれだけで独立して存在するというのは、いったいどういうことなのだろうか。それはあたかも、『不思議の国のアリス』のチェシャ猫が笑みだけを残して姿を消す、というのと同じ、全くのナンセンスではないだろうか。笑みにはそれを湛《たた》える顔が必要であり、両者が原理的に分離不可能であるのと同様に、当の言葉がいまだ出てきていない場面では、その表情のみを我々が捉えるということも意味を成さないだろう。

この点をウィトゲンシュタインは、たとえば〈言葉が喉まで出かかっている〉という現象（いわゆる「舌端現象」）を題材に浮き彫りにしている。我々が言葉を探しているときには、もう喉まで出かかっているけれど、まだ出てこない、というじれったい状態になることがあるだろう。そして、その後にある言葉を不意に思いついて喉のつかえが取れる、という経験をすると、我々はつい次のような像を思い描いてしまう。後に見出される言葉がぴったりとはまる前に、その場所を埋めていた何かがあったはずだ。すなわち、その言葉以前にあって、その言葉以外のものであるような、しかし、その言葉以外に代わりうるものがありえないような、そうした何らかの神秘的な実体を、我々はあらかじめ無意識的に捉えていたはずなのだ、と。ウィトゲンシュタインは、ウィリアム・ジェームズの議論（James 1890: chap. 9）にそうした思考の傾向性を見出し、こう批判している。

「そう、私にはその言葉が分かっているんだ。喉まで出かかっているんだ——」。ここで、ジェームズが語っているような「この言葉だけが埋めることのできる隙間」といった観念がどうしても湧き出てくる。（RPP1: 254）

ジェームズは本当はこう言いたいのだ。「何という不思議な体験！　その言葉はまだそこにないのだが、それでも、ある意味ですでにそこにある。あるいは、その言葉以外に成熟していくことがありえない何かがそこにある」。——しかし、これは体験でも何でもない。「それが喉まで出かかっている」という言葉はいかなる体験も表現していないし、単にジェームズがその言葉に奇妙な解釈を与えただけなのだ。（LW1: 841; PI2: 299）

つまり、彼によればジェームズは、言葉が喉まで出かかっているという現象を、当の言葉を選び取る前にいわばその言葉の表情だけを捉えている現象として理解している。しかし、実際には我々は、言葉が喉まで出かかっていると感じるとき、そうした何らかの神秘的な実体を感知するという体験をしているわけではない。まして、しっくりくる言葉を選び取るという実践のなかに、そのような言葉とは別物の実体と個々の言葉とを突き合わせて「ぴったり合う」「合わない」という判断を下すような契機は何もないのである。

この批判は、先に本章1—2（78頁）で見た、言葉の魂の実体化に対する批判とつながっている。言葉（の意味）を体験するとき、すなわち、ある言葉がにわかに際立ち、生き生きと立ち現れてくるとき、我々は、その言葉は独特の表情を帯びている——いわば魂が宿り、生命を得ている——という印象を受ける。しかしそこから、たとえば「文字禍」の老博士のように、言葉が意味をもつためには、そこに常に魂が宿っていなければならない、というイメージに囚われることがある。あるいは、そうした文字通りのアニミズム（物活論）は採らずとも、言葉には常にそれ独特の表情や雰囲気、陰影、色合いといったものが宿っている、といったイメージに囚われることがある。そうすると、今度はそのイメージがいわば一人歩きを始めていく。すなわち、魂や表情、雰囲気といったものが、言葉とは別にそれ自体として——霊魂のようなものとして、あるいは何か気体のようなものとして——実体化できるかのような錯覚が生まれていく。それは、言葉が喉まで出かかっているという体験から、当該の言葉の表情だけをそれとして感知しているという錯覚を覚えることと、基本的に同種の混乱だと言えるだろう。[18]

言葉の表情の実体化が、言葉というものに対するありがちな、しかし混乱した捉え方であること。この点は、「もしも」という言葉が帯びる独特の感じ（もしも感）を例に、すでに言及している（本章1—2：80頁）。ウィトゲンシュタインはまた、演劇の台詞を例にしつつ、次のようにも説明している。

「お陰様で！　多少は守れましたよ——クロアチア兵の手からね」〔シラーの戯曲『ピッコロミニ父子』第一幕第二場の台詞〕という、そのトーンと眼差しを伴った言葉には、確かにそのなかに、それがもつ意味のあらゆるニュアンスがすでに込められているように思える。しかし、それはまさに、我々がその言葉をある特定のシーンの一部として了解しているからである。実際、人は、（同じトーンで語られる）この言葉を取り囲む、全く別のシーンをこしらえることができるだろう。そのようにして、言葉に固有の魂が、その言葉が属する物語の全体にいかに依存しているかを示すことができるだろう。（Z: 176）

たとえば、優れた役者が演劇のなかで発する言葉から、我々はときに深い印象を受けるだろう。それは、単に台詞を棒読みした場合とは異なる表情豊かな言葉であり、独特の陰影が刻まれ、当人の心境やある情景など、その言葉だけが表現できるニュアンスが込められているように思える。ただし、そうした感覚は、その言葉に内在する（あるいは、その言葉の周囲に漂う）何らかの実体によって与えられているわけではない。むしろ、それを取り囲むそのつどの文脈こそが肝心なのである。たとえば、右の引用の冒頭の言葉は、クロアチア軍の司令官に対して皮肉として言われたものだが、たとえ全く同じトーンで発せられたとしても、別のシーンのなかに置かれれば、何の注意も惹かないありきたりな台詞として埋没したり、あるいは、皮肉ではなく心からの感謝を表す言葉になったりすることもあるだろう。

つまり、言葉に魂が宿る――他の言葉には置き換えられない固有性をもつものとして立ち現れてくる――というのは、特定の文脈のなかの話だということである。どの文脈も横断して、実体としての魂が超然と存在するわけではない。ある文脈を背景に、あるタイミングで発せられた、あるトーンの言葉が、ある表情や響きをもって我々に立ち現れてくるのである。逆に言えば、そうした印象的な言葉は、何らかの神秘的な実体に対応するものではなく、我々がそのときに置かれている文脈を鮮やかに照らし出す役割を果たしているのだとも言えるだろう。

3―4　言葉の場、家族的類似性

以上のように、ウィトゲンシュタインによれば〈しっくりくる言葉を選び取る〉という実践とは、何らかの神秘的な実体と個々の言葉を突き合わせて「ぴったり合う」「合わない」という判断を下すことなどではない。では、どういう実践だと彼自身は考えるのだろうか。

先の、友人の性格を表現する言葉を探す例を、もう一度振り返ってみよう。私の念頭には最初に「弱い」が思い浮かび、この言葉から連想して、別の似た言葉、たとえば「繊細」という言葉が浮かんでくる。私はそのときこう感じているかもしれない。「弱い」では悪意が混ざるから友人に失礼だし、「繊細」では彼の懐の深さが表現できていない、と。あるいはむしろ、理由は判然としないが、これらの言葉ではどうもしっくりこないとだけ感じる、ということの方が多いだろう。(そしてこの、必ずしも理由が明確でないという点は、それ自体として大きな重要性をもつと思われる。次章1—5で、この点について主題的に取り上げる。)

いずれにせよ、私は「弱い」や「繊細」ではまだ満足しないので、これらの言葉からさらに連想を広げることになる。すると、「上品」や「おおらか」、「親切」といった言葉も思い浮かぶ。私はさらにこれらの言葉同士を比較し、評価していく。そして、最後に「やさしい」という言葉に思い至ると、この言葉がぴったりだと納得する。——このように、はじめに念頭に浮かんできた言葉から、類似しつつも異なる別の言葉へ連想を広げ、またその言葉からもさらに連想を広げていくという、そうした一連の実践そのものが、ウィトゲンシュタインによれば、まさしく〈しっくりくる言葉を選び取る〉という実践にほかならないのである。

「適切な」言葉を、私はどうやって見つけるのか。私はどうやって、様々な言葉のなかからそれを選び取るのだろうか。確かに私は、微妙なテイストの違いに基づいて言葉同士を比較しているかに見える。これはあまりにも……過ぎる、これこそ適切なものだ、という風に。

しかし、これらの言葉がなぜしっくりこないのか、常に判断したり説明したりする必要はない。それは単にまだしっくりこないという以外の何ものでもない。私はさらに探すが満足しない。最後に私は安らぎを覚えて満足する。探すとはまさにこのようなことであり、見出すとはまさにこのようなことなのである。(RPP1: 362; cf. PI2: 295)

言葉遊びや舞台の台詞など、言葉が明示的に主題化される場面を除けば、日常の生活において馴染みの言葉の表情や響き、ニュアンスといったものがにわかに立ち上がってくる典型的な場面は、これまで繰り返し確認してきた通り、言葉同士を比較するときである。逆に言えば、連想を広げて個々の言葉から他の言葉へと延びる多様な連関を追い、言葉同士の比較という実践を積み重ねることで、馴染みの言葉の表情を細かくはっきりと輪郭づけていくことができるのである。

美的感覚にまつわる微妙な違いについてたくさんのことが言える——これは重要なことだ。もちろん最初の表現は、「この言葉はしっくりくるが、これは違う」というもの、あるいはこれに似たものだろう。しかし、そこからさらに、それぞれの言葉が打ち出す、あらゆる方向へ広く分岐した脈絡を、なおも検討することができる。つまり、最初の判断で片づくわけではない。というのも、決着をつけるのは各々の言葉の場（*Feld*）であるからだ。（RPP1: 357; PI2: 297）

どの言葉が選び取られるのか、どの言葉がぴったりなのか、その決着をつけるのは、言葉以前の神秘的な何かなどではない。すなわち、最終的に見出される言葉がぴったりとはまる前に、その場所を仮想的に埋めていたはずの何かがあって、それが当の言葉に置き換わった、ということではない。そうではなく、決着をつけるのは〈言葉の場〉である、とウィトゲンシュタインは言う。〈言葉の場〉とはここでは、右の引用で彼自身が述べているように、〈焦点となっている言葉からあらゆる方向へと打ち出され、そのつどの文脈や関心に応じて辿られる、広く分岐した脈絡〉というものを指している。すなわち、言葉が他の多様な言葉と結びつきながら、生活のなかの多種多様な場面で用いられるその広がりと、特定の文脈や関心の下でそれが〈しっくりくる言葉〉へと収束していく現場とを、彼は〈言葉の場〉と呼ぶのである。

前章2—2で辿った「チャンドス卿の手紙」の主人公チャンドスの苦境の中身を、ここで振り返ってみよう。あるときからチャンドスには、言葉がよそよそしく冷たいものとして立ち現れるようになった。言葉が輪郭を失い、バラバラの音や線に化したように感じて、そこからどんな連想も浮かんでこない。「何かを別のものと関連させて考えたり語ったりする能力を完全に失ってしまった」、チャンドスはそう自分自身の状態を言い表している。個々の言葉から延びているはずの広がり、奥行きを、まるで感じられなくなってしまったのである。逆に言えば、我々はチャンドスとは異なり、〈何かを別のものと関連させる〉という重要な能力をもっている、ということである。たとえば、「手」という言葉から手にまつわる様々な事物のイメージが呼び起こされるということもその能力に含まれるが、いまの例で言えば、「弱い」と「繊細」を似た言葉として関連させ、さらに「上品」や「親切」なども関連させていくということも、まさに〈何かを別のものと関連させる能力〉の一部である。

また、同じ節ではさらに、言葉を意味をもった有機的なまとまりとして感じるためには、単にそこから延びる言葉たちとの表面的な連関を頭に入れるだけでは駄目だ、ということを確認した（48－49頁）。その言葉たちが織り込まれた生活のなかに自分自身が深く入り込み、様々な実践や事物に習熟しているのでなければならない、ということである。このポイントは、本章で「言葉の立体的理解」

と呼んできた論点にまさに直結している。たとえば、先の、「やさしい」という言葉が〈しっくりくる言葉〉として見出されるプロセスにおいて、私が連想を広げた言葉たちはすべて、それぞれの具体的な使い方を自分が自在に思い描けるもの、つまり既知の言葉であった。そしてそれは、「むつごい」や「いずい」、「clout」といった未知の言葉を学ぶ例において、私が見渡した言葉たちについても同様である。言い換えれば、新発見ないしは再発見した言葉と連関している多様な脈絡とは、自分自身がよく知っているものでなければならない、ということである。

「たくさんのよく知られた小道が、この言葉からあらゆる方向へと通じている」(PI1: 525, 534)、ウィトゲンシュタインは繰り返しそう書きつけている。そして、そうした〈連関それ自体〉以外には何もない。これが肝心な点である。たとえば先述の、私が「むつごい」という言葉の意味を学ぶ例において、「油っぽい」、「濃い」、「くどい」、「しつこい」、「ごちゃごちゃしている」、「けばけばしい」等の既知の言葉を並べて見渡すとき、これらの言葉すべてに共通する何らかの特徴のようなものを私は感じ取っているわけではない。というより、そうした「共通の特徴」なるものは存在しないと言った方がいいだろう。存在するのはただ、これらの言葉と、それぞれの使われ方として私が把握している生活上の様々な実践だけである。そして、にもかかわらず私は、それぞれの言葉同士の類似性を辿っていくことで、そうした多様な言葉が一個のかたち《ゲシュタルト》を結ぶ様子を体験できる。そして、そのように見出された有機的全体ないし多面的立体それ自体として、「むつごい」という言葉の意味を理解できるのである。

この点は、ウィトゲンシュタインが「家族的類似性」と呼ぶものをめぐって展開している議論

(BB: 17-18/43-44; PI1: 67; etc.) を参照することで、より明確にできるだろう。たとえば、娘、息子、父親、母親からなる四人家族を想像してみよう。娘と息子は目や鼻が似ているが、耳や口元は似ていない。父親と娘は目や耳が似ているが、鼻や口元は似ていない。母親と娘の鼻や口元はそっくりだが、目や耳は似ていない。このように、彼らすべてに共通する特徴など存在しないにもかかわらず、我々は彼らを見渡せば、緩やかな類似性によってまとまった全体——つまり、一個の家族——をそこに見出すことができるだろう。

同じことは、文字通りの「家族」だけでなく、たとえば「ゲーム」といった一般的な概念に広く当てはまる。サッカーと野球にはボールを使うという共通点があるが、手を使うのは野球の方だけだ。野球とチェスには手を使うという共通点があるが、チェスにはチームメイトがいない。チェスとババ抜きにはチームメイトがいないという共通点があるが、トランプを使うのはババ抜きの方だけだ。ババ抜きとソリティアはトランプを使うという共通点があるが、ソリティアには対戦相手が存在しない、等々。このように、「ゲーム」と呼ばれるものすべてに共通する特徴——ゲームの「本質」と呼ばれるようなもの——など存在しないにもかかわらず、我々は個々のゲームの部分的な類似性を見渡していき、そこに、まさに「ゲーム」という言葉で括られる一個のまとまりを見て取ることができるのである。

つまり、端的に言えば、ウィトゲンシュタインの言う〈家族的類似性〉とは、〈本質に基づかない類似性〉のことである。「むつごい」という言葉に関しても、我々はこの多面的立体を構成する「油っぽい」「しつこい」「けばけばしい」等々の言葉の背後に共通して存在する本質なるものを抽出することで、この言葉を理解するわけではない。逆に、そうした「本質」の存在を想定することは、再び言葉の魂の実体化へと結びつき、言葉には常にそれ独特の表情や雰囲気といったものが宿っている、という例の幻影に絡め取られていくことになるだろう。繰り返すなら、言葉を立体的に理解するとき、そこにあるのは緩やかな家族的類似性で結びついた個々の言葉と、それぞれの使われ方への連想だけである。その立体の内部に、言葉とは別の実体が隠れているわけではないのだ。[19]

3―5 多義的な言葉を理解していることの条件

いま、「むつごい」という言葉を例にして、未知の言葉の習得に関して確認したことは、先の「やさしい」という言葉をめぐる例、すなわち、既知の言葉を特定の文脈において〈しっくりくる言葉〉として選び取る例に関しても同様に当てはまる。そこで「やさしい」という言葉を見出し、その魂ないし表情を捉えること、それは、あらかじめ生活のなかでこの言葉を「弱い」や「繊細」、「上品」、「親切」等々の意味で使用できており、そのうえで、「やさしい」という同一の言葉がそうした多様な意味をもつことにあらためて気づくということである。普段は目立たないことの多いこの言葉から、無数の言葉の連関が――したがって、生活上の無数の実践の連関が――延びていることに目を開くこと、それが、「やさしい」という言葉を再発見するプロセスなのである。

ここで、この言葉がそのように際立っていないとき、すなわち、生活のなかで目立たず会話やその他の実践に奉仕しているときについて考えてみよう。たとえば、「あいつ、あんなことで傷つくとは思わなかったな」と言われ、私が「まあ、やさしい奴だからな」と返す際、私はなにげなくこの言葉を、「繊細」という意味がいわば前面に出たかたちで用いている。また、人手が足りないと相談を受け、「あの人はやさしいから手伝ってくれるよ」とアドバイスする際には、そう意識することなく、「親切」という意味が前面に出たかたちで用いている。つまり、こうした個々の具体的なケースでは、「やさしい」という言葉が含みもつ様々な意味——ここでは、この言葉から置き換えられる別の様々な言葉——のひとつが前面に出て、他の言葉が側面や背面にまわっている状態だと言えるだろう。[20]

　滑らかによどみなく会話を続けているようなとき、そうした多面体的な構造自体を我々は特に意識していない。すなわち、言葉を発したり聞いたりしているときに、そのつどひとつの言葉から実際に連想をめぐらし、たくさんの言葉を意識的に思い浮かべる、などということはしていない。その意味で、使用中の言葉は見かけ上はいわば平板である。しかし、実際に平板にしか理解していない言葉を使用する場合とは、様々な点で違いが出てくるはずである。

　たとえば、「やさしい」という言葉を「繊細」という意味でしか理解していない人——したがって、「やさしい」は「繊細」に完全に置き換え可能だと理解している人——は、誰かを親切だと評価する際に「やさしい」と言うことはないだろう。また、「やさしい」と評価した相手に対しては、親切だと思う人にするような要求を差し控えることもあるだろう。これとは反対に、「やさしい」という言葉を十分に理解している人が誰かを「やさしい」と評価するときには、たとえ「繊細」という意味が前面に出ている場合であっても、もっと複雑な意味合いを込めている場合が多いだろう。単に繊細なだけではなく上品でもある、とか、あるいは、その人は親切でもあるから多少頼みごとをしようと思っているかもしれない。いずれにせよ、単に「繊細」としか評価していない人とでは、この言葉にまつわる態度のとり方が随分と変わってくるだろう。

このことはもちろん、「むつごい」等、他の言葉にも当てはまる。たとえば、この言葉を「油っぽい」という意味で平板にしか理解していない人は、油っぽいものだけにこの言葉を当てはめるだろう。他方、この言葉を十分に理解している人は、油っぽいものだけでなく、濃いものやしつこいものなどに対しても「むつごい」と評価することがあるだろう。また、単に顔が油っぽいだけでなく濃い人に対して、あるいは、顔が油っぽいうえに性格がしつこい人などに対して、「むつごい」という言葉を当てはめたりもするだろう。そして、そうした評価に即した態度を示すだろう。すなわち、油っぽいものに対する態度ではなく、むつごいものに対する態度を示すだろう。

こうした態度のとり方の違いは、十分に理解している言葉であれば、そこから連想をめぐらせる準備ができている、という言い方でも表現できる。もう少し具体的に言えば、たとえば、「ちょっとこれはむつごいな」と言ったとき、もしも相手から「いま『むつごい』ってどういう意味で言ったの？」と訊かれたならば、「むつごい」から置き換え可能な様々な言葉を思い浮かべて、「『油っぽい』という意味だ」とか、「『しつこい』という意味だ」といった風に答えることができる、ということである。また、逆に、誰かが「むつごい」と言うのを自分が聞いた場合にも、その意味がいくつか思い浮かぶのであれば、「どういう意味？」と尋ねることができるはずである。[21]

この点に関して、ひとつ重要な指摘をすることができる。それは、アスペクト盲（意味盲、かたち《ゲシュタルト》盲）の人は、この種の〈どの意味かを問い、答える〉という一連の実践ができない、ということである。なぜなら、繰り返すようにこの実践は、たとえば「むつごい」が「油っぽい」や「しつこい」等々のうちのどれとして捉えられるのかを訊くこと、あるいはその問いに答えることであり、つまりは〈あるものを自覚的に別の何かとして捉える〉ことだからである。

3―1（104頁）で確認したように、アスペクト盲の人も、他人から見れば、あるときは「むつごい」を「油っぽい」の意味で使用したり、「しつこい」の意味で使用したりすることはできる。言い換えれば、そのつどの文脈のなかで滑らかに「むつごい」を使用することはできる。しかし、「むつごい」はいまは「油っぽい」だ（あるいは、「しつこい」だ）という風に自覚することはできない。アスペクト盲の人にとって、「むつごい」はそのつど「油っぽい」そのものであり、「しつこい」そのものであるのだ。言い換えれば、アスペクト盲の人にとって「むつごい」は多義語ではありえず、たまたま同じ読み方の無関係な言葉（つまり同音異義語）がたくさん、それこそ「家庭」「仮定」「過程」「河底」等々のように存在するに過ぎない。（しかも彼らは、〈言葉が同じでありつつ同じでない〉という体験をすること全般と無縁であるのだから、同音異義語が同音異義語だと気づくという体験すらできない。）

讃岐地方に生まれ育ち、「むつごい」という言葉によく馴染んだ人からすれば、たとえば「むつごい」は「油っぽい」そのものだ――つまり、「むつごい」は「油っぽい」に完全に置き換え可能なものだ――としか理解できていないのであれば、その人はそもそもこの言葉を理解していないことになるだろう。この言葉は、「油っぽい」や「濃い」、「くどい」、「しつこい」、「ごちゃごちゃしている」、

「けばけばしい」といった、緩やかに関連し合う言葉それぞれに置き換えられる。しかし同時に、そのどれにも完全には置き換えられない。そのように把握できてはじめて、この言葉を十全に理解できていると言えるだろう。

そして、同様のことは他の多くの言葉にも——それこそ、「(言葉を)理解している」という言葉それ自体にも——当てはまる。本章1—4(88-90頁)で見たようにウィトゲンシュタインは、「理解している」の意味の多様性こそこの言葉の意味をかたちづくっている、と指摘している。つまり、「理解している」を「他の言葉に置き換えられる」に置き換え可能だと理解しているだけでなく、「他のどんな言葉に置き換えてもしっくりこない」に置き換え可能だとも理解していること(さらに、場合によって他の様々な言葉にも置き換え可能だと理解していること)、そうした立体的理解によって、ほかならぬ「理解している」という言葉の理解が形成されている、ということである。

「むつごい」や「やさしい」、あるいは「理解している」に限らず、長い歴史をもち、人々が多様な生活の文脈で用いてきた言葉の多くは、他の様々な言葉に置き換えうるという意味での多義性を自然と備えたものになっている。そして、少なくともそうした言葉に関しては、言葉のアスペクト変化を体験可能だということは、その言葉を理解していることの欠かせない条件だと言える。たとえ我々が、よどみなく会話が進行しているなかではそれらを平板な言葉のように扱っているとしても、実際に平板な言葉として理解している場合とは態度(構え、姿勢)のとり方が異なっている。また、潜在的には、〈しっくりくる言葉〉として選び取る等の実践をする準備ができている。言語不信に陥ったチャンドスや老博士とは異なり、我々は普通、自分の母語たる言語と親密であるが、それは、個々の言葉の奥行きを感じ続けているということではない。そうではなく、まさに奥行きある多面的立体を扱うように普段言葉を用いている、ということである。さらに我々は、いざとなれば実際に連想をめぐらし、それらの言葉ひとつひとつから広がる多種多様な連関を意識できるということを、特に疑っていない。この意味での信頼を基底に、我々は日々生活し、様々なかたちの言語的コミュニケーションを営んでいるのである。

そして、実際のところ我々は、そうした連関を自覚的に辿る実践を頻繁に行ってもいる。会話や、言葉が織り込まれた他の様々な活動は、いつもよどみなく流れていくだけではない。我々はしばしば、これから使用すべき言葉を吟味したり、これまで使用していた言葉を振り返ったりする。そのように、滑らかな言語使用をいったん止め、あらためて言葉そのものに注目することも、ほかならぬ我々の日常生活の一部なのである。

3―6　まとめと、第1節の問いへの回答、第4節への展望

本節で探究してきたのは、言葉を体験すること、すなわち、〈ある言葉が馴染み深い表情を帯びて立ち現れてくる〉とか〈他の言葉に完全には置き換えられないその言葉独特の表情を摑む〉といった体験をすることに、どのような重要性があるかである。

ウィトゲンシュタインはその点を明らかにするために、言葉に関してアスペクトの変化というもの

を決して体験できない人（アスペクト盲・かたち盲《ゲシュタルト》・意味盲）を想定し、その人が生活のなかで何を失うのかを探る、という戦略を採っている。

ウィトゲンシュタインによれば、アスペクト盲の人はまず、馴染みの言葉を他の言葉や新しい記号に置き換えて使用しても、違和感や不快感を覚えることはない。また、ときに言葉遊びを楽しんだり詩的表現を味わったりすることや、類似しつつ異なる様々な言葉を見渡すことで新たな言葉を学ぶということもできない。さらに、その人は、日常のもっと広範な場面で行われている実践とも無縁になってしまうことを、本節では確認した。すなわち、〈しっくりくる言葉を選び取る〉という実践である。

本節の後半で確認したのは、この種のプロセスをどのようなものとして捉えるべきかである。たとえば、しっくりくる言葉を選び取るというのは、言葉とは別物の何らかの神秘的な実体と個々の言葉とを突き合わせて「ぴったり合う」「合わない」という判断を下す、という実践ではない。また、未知の言葉を学ぶために既知の言葉を次々に並べて見渡す実践においても、これらの言葉すべてに分有されている本質なるものを我々は感じ取っているわけではない。（むしろ、そうした「実体」や「本質」の類いが存在するという想定は、言葉に宿る魂や表情なるものが当の言葉とは独立に常に存在する、という混乱した見方のひとつの源泉である。）

そうではなく、言葉を立体的に理解するとき、我々は〈言葉の場〉に身を置いている。すなわち、多様な言葉が緩やかな家族的類似性によって結びつきつつ、特定の文脈や関心に応じて特定の言葉が前面に出る、その現場である。そして、そこで我々が感知しているのは、「たくさんのよく知られた小道が、この言葉からあらゆる方向へと通じている」という連関の有り様、言葉の立体的構造にほかならない。その立体の内部に言葉とは別の実体が隠れていて、我々はその実体をそれとして感知している、ということではないのだ。

そして、少なくとも、多様な言葉に置き換えうるという意味で多義性を備える言葉に関しては、そこから広がる連関を感知できること——実際に感知していない場面でも潜在的に可能であること——は、その言葉を理解していることの欠かせない条件だと言える。逆に、アスペクト盲の人は、あるものを自覚的に別の何かとして捉えることができないのだから、原理的にその連関を感知できない。たとえば、「むつごい」が「油っぽい」でも「しつこい」でもあることに気づくということができない。したがって、そうした奥行きのある多義語をそれとして理解することができないし、それ以前に、同音異義語をそれとして気づくことすらできないのである。

重要なのは、アスペクトの変化を体験できる我々は、普段そう自覚していなくとも、奥行きある立体を扱うように自然に言葉を用いているということ、また、必要があれば、連想をめぐらせて言葉ひとつひとつから広がる連関を自覚的に辿れるということである。さらに、我々は実際、そのように〈言葉の場〉に身を置く実践を生活のなかで頻繁に行ってもいる。滑らかな言語使用をいったん止めて、これまで用いた言葉やこれから用いる言葉に注意を向け、そこから連想をめぐらせるというのは、我々が送る日々の生活の一部なのである。

＊　＊　＊

さて、以上の論点を確認したところで、本章の第1節で取り出した問題に立ち戻ることができる。すなわち、言葉を理解していると言えるためには、その言葉の使い方を知っているだけでよいのか、それとも、その言葉を体験できる必要もあるのか、という問題である。

いまや、こう答えられるだろう。少なくとも、長い歴史をもち、人々が多様な生活の文脈で用いてきて、それゆえ、多様な言葉に置き換えうるという意味で多義性を備えている言葉に関しては、それを体験できること――ここでは、〈言葉の場〉に身を置き、多面的立体として言葉の輪郭を摑めること――は、その言葉の理解にとって本質的に重要である。なるほど、普段の生活において、馴染みの言葉を滑らかによどみなく使用しているときには、そのように言葉が際立つことはない。しかし、潜在的にはそうした体験が可能なはずである。そうでなければ、当該の言葉を理解しているとは言えないのである。

ただ、そうすると、ここで新たな疑問も生まれてくる。多義的なものとして言葉を使いこなすことができるということに、それ自体としてどのような重要性があるのだろうか。というのも、言葉からそうした多義性をなくすことは原理的には可能であるように思われるからである。確かに、我々がいま用いている自然言語（日本語、英語、ドイツ語、等々）には無数の多義語が含まれている。しかし、そうである必要はないのではないか。だとすれば、多義語をそれとして理解していることを示す

〈言葉の立体的理解〉というものも、言葉の理解全体にとってはやはり本質的に重要とは言えないのではないだろうか。

この問いに答えるのは、実は簡単ではない。十全な回答は、カール・クラウスの言語論を検討する次の最終章の最後になって、ようやく見出すことができるだろう。その前に、ここから本章では、多義性を切り詰めた人工言語であるエスペラントに向けるウィトゲンシュタインの眼差しを確認することを皮切りに、この問いに向かうためのいくつかの論点を浮かび上がらせることにしたい。

第4節　「言葉は生活の流れのなかではじめて意味をもつ」

4―1　人工言語――連想を呼び起こさない言葉をめぐって

先に、私が「むつごい」という言葉を友人から学ぶ例を示した（本章2―2：96―97頁）。その例で友人は、「むつごい」が含みもつ多様な意味をほとんど余すところなく説明してくれていた。しかし、讃岐地方で育った人が皆、同程度にこの言葉を理解しているとは限らない。たとえば、この言葉は「油っぽい」と「しつこい」という二種類の言葉に置き換えられる、としか理解していない人もいるだろう。つまり、そうした多義的な言葉を理解しているとひとくちに言っても、人によっていわば習熟の程度に違いがありうるということである。熟練の段階に達するにはある程度時間と手間が掛かるし、習熟の程度の違いに応じてコミュニケーションに齟齬が生じることもあるだろう。また、多義語の意味を十分に理解している者同士であっても、コミュニケーションが滑らかにいかないこともあるだろう。たとえば、一方が「これ、むつごいね」と言っても他方にうまく伝わらず、「いま、『むつごい』ってどの意味で言ったの？」と訊き返される、といったケースである。

このように、多義語の習得と運用には一定のコストが発生する。それゆえ、より平易な習得と効率的な情報伝達を実現する人工言語――その代表格は、たとえばエスペラントである――を構築しようとする向きにとっては、言葉の多義性をできるだけ解消することが重要な課題になりうる。

具体例で見てみよう。国際共通語を目指してつくられたエスペラントは、自然言語に比べて遙かに多義語が少ないことが知られている。たとえば英語の order は「命令」「順序」「秩序」「勲章」「注文」「等級」などの様々な言葉に置き換えうるが、エスペラントでは、命令は ordono、順序・秩序は ordo、勲章は ordeno、注文は mendo、等級・階級は klaso ないし rango、というように、それぞれ別の言葉に細分化されている（二木 一九九四：94－95）。

ただ、そうやって多義語を分解するだけでは、単語の数が増え過ぎて、逆に習得や運用の難しい言語になってしまうだろう。実際、一般にエスペラントをはじめとする国際共通語指向の人工言語は、簡略化の一環として、多義語を少なくするのと同時に、語彙を自然言語よりも大幅に絞ろうとするのが通例である。[22] この点に絡んで、ウィトゲンシュタインは次のようなことを述べている。

> たとえば人工言語（エスペラント、ベーシック英語）をつくる人は、特定の視点に従ってその語彙群を選び出すだろう。そして、その視点から人は、今度は再び自分たちの言語を観察することができるだろう。
>
> 人工言語の作成者はたとえばこう言うかもしれない。「『駆ける』を意味する言葉と『走る』を意味する言葉[23]という二種類の言葉を、私は認めないだろう。なぜなら、あらゆる重要な目的に照らして、ここでは一種類の言葉で足りるからだ」。また、こうも言うかもしれない。「『駆ける』と『走る』は本質的には同じ意味をもっている」。（LW1: 815）

たとえば、新しい人工言語を作成しようとしている言語学者が、「駆ける」と「走る」は本質的には同じ意味だから、今度の新しい言語では「かしる」という一種類の言葉で済ませる、という方針を立てたと想定してみよう。注意すべきなのは、この「かしる」は「駆ける」と「走る」の両方の意味をもつ多義語ではない、ということである。そうではなく、「駆ける」と「走る」に共通する意味だけを抽出して「かしる」という記号列に割り当て、他の部分はすべて切り捨てる、というのが、この言語学者の方針なのである。それゆえ、もしもこの方針通りにしたとすれば、その新しい言語においては「自分の足で素早く移動する」という類いのことを意味する単語「かしる」だけが残り、「駆ける」や「走る」というそれぞれの言葉に含まれていた他の意味が失われることになる。すなわち、「駆ける」であれば、

「馬に乗って走る」、「飛ぶように速く走る」、「奔走する」

といった意味であり、「走る」であれば、

「通って続く（海沿いに道が走る、東西に山脈が走る、など）」、「ある方向に強く傾く（悪事に走る、感情に走る、など）」、「スムーズに流れる（筆が走る、今日のピッチャーは球がよく走る、など）」、「瞬間的に現れる（稲妻が走る、痛みが走る、むしずが走る、など）」

といった意味である。また、「駆けずりまわる」、「駆けつける」、「駆けめぐる」、「駆け出し」、「駆け落ち」、「走り書き」、「小走り」、「使い走り」、「突っ走る」、「才気走る」、「口走る」、等々、それぞれの言葉が他の言葉と結びつくことでもつ様々な意味も、「かしる」では担うことができない。

「駆ける」と「走る」を廃止して「かしる」に統一するように、多義語を分解しつつ類似した言葉を新しい単一の言葉に置き換えていけば、その人工言語の語彙は、既存の自然言語よりも遙かにコンパクトなものになるだろう。それゆえ、学習やコミュニケーションのコストとリスクも減るだろうし、類似した言葉のなかからひとつを選び取る手間もなくなるだろう。しかし、「駆ける」や「走る」といった個々の言葉から延びているはずの広がり、奥行きも、同時に断ち切られてしまうことになる。ウィトゲンシュタインは、エスペラントが世に広まりだしてから四十年ほど後の一九四六年当時、この言語に対して次のようにコメントしている。

　エスペラント。人工の派生音節を持つ人工の言葉を口にすると、吐き気を催す。その言葉は冷たく、何の連想も呼び起こさないにもかかわらず、「言語」のような顔をしているのだ。筆記にしか用いられない記号体系でも、エスペラントに対するような嫌悪は感じさせないだろう。
（CV: 60/150）

ウィトゲンシュタインがこのコメントを記してから七十年以上経った現在では、エスペラントはより複雑な言語に成長しているかもしれない。それよりもここで注目すべきなのは、言葉が連想を呼び起こすという点に、彼が言語の本質的な特徴を見出しているという点である。

すでに何度も確認してきたように、ひとつの言葉から様々なイメージや感覚、感情、関連する他の言葉などが呼び起こされうることが、言葉に魂がある――言葉が冷たい死物ではなく、生き生きと血が通っている――という比喩で表現される事柄の内実である。逆に言えば、ウィトゲンシュタインにとって当時のエスペラントは、まさに〈魂なき言語〉に思えたということだろう。

4―2　生ける文化遺産としての〈魂ある言語〉――日本語の場合

歴史の非常に浅い人工言語をはじめとする〈魂なき言語〉とは対照的に、〈魂ある言語〉、すなわち、日本語やドイツ語等々の自然言語を構成する言葉は、その多くが、様々な連想を呼び起こすだけの豊かさを湛えている。この点をより具体的に確認するために、ここで少し、ウィトゲンシュタイン以外の論者の思考にも目を向けておこう。

彼と全く同年代の日本の哲学者・九鬼周造（一八八八―一九四一）は、主著のひとつ『「いき」の構造』序説において、本章の内容と強く呼応する議論を、言語と文化の関係をめぐって展開している。「例えば、esprit〔エスプリ〕[24]という意味はフランス国民の性情と歴史全体とを反映している」（九鬼［一九三〇］二〇〇三：16）。九鬼はそう指摘する。それゆえ、esprit に対応するものを他言語の語彙のうちに求めても、「全然同様のものは見出しえない」（同）というのである。たとえば、「英語の spirit も intelligence も wit もみな esprit ではない」（同）。ドイツ語の geistreich なども、「esprit の有する色合を完全にもっているものではない」（同）。他方、たとえばドイツ語の Sehnsucht[25]は、「陰鬱な気候風土や戦乱の下に悩んだ民族が明るい幸ある世界に憧れる意識」（同17）を表した言葉であり、ドイツの気候風土などの地理的条件や、領土などをめぐる歴史的経緯を背景にした、明るい南の国への悩ましい憧憬と切り離せない意味合いを帯びているという。したがって、それを汲み取ろうとしても、「英語の longing またはフランス語の langueur, soupir、désir などは Sehnsucht の色合の全体を写しうるものではない」（同）。

そして、九鬼がまさに一書を割いてその意味を分析しているのが、日本語の「いき（粋）」という言葉である。たとえば、フランス語の chic も élégant も、あるいは coquet も raffiné も、それぞれ『いき』の徴表の一つをなすものである。しかしながら『いき』の意味を成すにはなお重要な徴表を欠いている」（同21）。同様に、英語の smart や hip、dressy、rakish なども「いき」の訳語の候補となるだろうが、どれもこの言葉の一面しか捉えられないだろう。

では、「いき」の意味は全体としてどのように捉えうるのだろうか。国語辞典を紐解けば、

「色気がある」、「艶っぽい」、「垢抜けている」、「人情の機微に通じている」、「気っ風がいい」、「さっぱりしている」

等々を意味していると説明される。九鬼自身はこの言葉を、

「媚態」、「意気地」、「諦め」

の三つの面に大別したうえで、それぞれの中身や相互的な関係についてさらに解明を進めている。本書ではこれ以上その詳細に立ち入ることはしないが、九鬼のそうした議論の前提にあるのは、「言語は、一民族の過去および現在の存在様態の自己表明、歴史を有する特殊の文化の自己開示にほかならない」（同12）という考えである。つまり、言語とは、個々の民族がその長い歴史のなかで生み、育

て、営んできた生活文化――ウィトゲンシュタイン流に言えば、「生活のかたち（Lebensform：生活形式）」――を顕著に表すものだということである。「いき」という言葉の分析も、この考えの下で行われている。すなわち、「『いき』とは東洋文化の、否、大和《やまと》民族の特殊の存在様態の顕著な自己表明の一つである」（同21）という観点から、彼は、江戸時代の町人の生活や気質、遊里・遊郭の作法、歌舞伎や文学、浮世絵、建築、着物の文様など、日本文化の諸相へと分け入りつつ、「いき」という言葉の多面性・奥行きを明らかにしていくのである。

当然、九鬼のこの考えには、そのまま受け入れられない部分がいくつかある。まず、彼の言う「大和民族」とはどの時代のどの人々までを指すのか、という問題がある。また、「いき」という言葉を理解するのに日本の古来の具体的な習俗にどこまで馴染んでいる必要があるのか、という疑問も出てくるだろう。実際、「いき」という言葉を理解している日本人は多いはずだが、そうした歴史的経緯や文化の内実にどこまで詳しいかについては相当の個人差があるだろう。[26]

言葉の歴史性や文化性を考えるときにその範囲をどう捉えればよいかは、それ自体大きな問題である。たとえば、フランス語圏の人が「いき」の意味を和仏辞典で調べ、chic や élégant、coquet、raffiné などの多様な言葉に置き換えられることを知れば、それは間違いなく大きな前進であり、「いき」とは何かを理解したと言えるかもしれない。しかし、それだけではやはり不足であり、日本ではおおよそどういう場面でどういう行為や態度などが「いき」と呼ばれてきたのかも知らなければ、この言葉を十分に理解してはいない、という見方もあるだろう。同様のことは、先に本章2―2（98－99頁）で取り上げた、「clout」という英単語を学ぶ例にも当てはまる。英和辞典を引いて、これがどのような日本語の言葉に置き換えられるかを知るだけでは、まだ十分な理解には達していない。この言葉の具体的な用例を様々に調べることも必要だ――そう言われるかもしれない。

ある言葉について、その背景や方法にどこまで馴染めばその言葉を十分に理解したことになるのか、というのは、本質的に曖昧さを含んだ問題であり、この困難な線引きについては本書では未決のままにしておきたい。ただ、少なくとも言えることは、言葉を十分に理解するためには、当該の言葉や、あるいはそれと深く結びついた諸々の言葉について、それらが生活のなかでどう使われているかをよく知ることが重要だということである。

「いき」の例に戻れば、「色気」、「垢抜け」、「意気地」、「気っ風」、「さっぱり」、「諦め」等々の言葉の使い方にあらかじめ深く馴染んでいればいるほど、「いき」という言葉の立体的理解に達するのは容易になる。すなわち、「色気がある」、「垢抜けている」、「人情の機微に通じている」、「気っ風がいい」、「さっぱりしている」等々の言葉を並べて見渡すことにより、「いき」という言葉の表情を摑むことができるだろう。というのも、chic や élégant、coquet、raffiné などと異なり、それらの日本語の言葉は、「いき」という言葉と長く歴史をともにし、同じような生活の文脈で、ときに文字通り一緒に用いられながら、互いに切っても切り離せない関係を結んできたからである。九鬼自身が『「いき」の構造』の特に前半部で実際に行っているのも、「いき」を「媚態」、「意気地」、「諦め」という別の言葉に置き換え、さらにそれぞれの言葉を、「なまめかしさ」、「つやっぽさ」、「張り」、「俠骨」、「いなせ」、「恬淡《てんたん》」、「瀟洒《しょうしゃ》」、「あっさり」等々の無数の言葉に置き換えながら、そうした連関の全体を見渡していく作業だと言えるだろう。

〈言語は民族の文化の自己開示である〉という九鬼の規定をどこまで受け入れるかはともかくとして、日本語やドイツ語等の自然言語——個々の語彙と、それらの有機的連関の全体——が、各々の文化の生ける遺産であり、しかも、おそらくは最も巨大で複雑な遺産として特徴づけられる側面があることは間違いない。そしてこれは、ウィトゲンシュタインも同様に強調している点である。彼は、言語を話すということが〈生活のかたち〉の一部であることを強調し（PI1: 23）、また、長い歴史をもつ古都に言語を喩えてもいる。

我々は自分たちの言語を古都と見なすことができる。すなわち、路地や広場、古い家や新しい家、様々な時代に建て増しされた家々が入り混じったひとつの全体である。そしてこれが、規則的な直線道路と同じかたちの家々からなる郊外に囲まれているのである。（PI1: 18）

この引用で言われる「規則的な直線道路と同じかたちの家々からなる郊外」とは、正書法の制定によって規則的に「整備」された自然言語、あるいは、エスペラントやベーシック英語をはじめとする当時の新興の人工言語、あるいはまた、記号論理学上の人工言語などを指しているとも解釈できる。いずれにせよ重要なのは、言語とは〈生活のかたち〉の一部だという点である。〈生活のかたち〉や文化といったものは、一朝一夕に出来上がるものではない。数多くの人々がかかわり合い、協働や駆け引きなどを繰り返してきたその歴史の厚みが、言葉を用いる際に背景に広がっているということである。

そして、九鬼が行っている「いき」の分析は、そうした〈生活のかたち〉を具体的に輪郭づける作業の一例として捉えられるだろう。すなわち、「いき」という言葉が過去や現在の生活のなかで具体的にどのように息づいてきたのかを分析することで、「事実としての具体性を害《そこな》うことなくありのままの生ける形態において把握すること」（九鬼［一九三〇］二〇〇三：23）を彼は目指しているのである。

ただし、「いき」という言葉自体に関して言えば、現在この言葉が日常生活のなかで使われることはあまりなく、もはや死語と化しつつあると言っていいかもしれない。それゆえ、ここではもうひとつ、現在も広範に使われている日本語をめぐって、上記の論点をもう一度簡単に確認しておくことにしたい。それは、「やさしい」という言葉である。

この言葉の多義的なあり方をめぐっては、すでに本章3—3（112‐113頁）などで取り上げた。竹内整一は、さらにこの言葉の語源に遡り、古代から近現代までの用法を詳細に辿りながら、その多面性・奥行きを探究している（竹内［一九九七］二〇一六）。まず、「やさしい」の語源が動詞「痩《や》す」の形容詞形「やさし」であり、痩せるべき状態であることを表すのが基本である点が確認される。すなわち、「身も痩せ細るほどの思いである」、「つらい」、「恥ずかしい」、といった意味合いである（同82‐83）。そこから、恥ずかしそうにしている様子が「若々しく愛らしい」とか「つつましくもけなげに見える」といったニュアンス（同95‐97）が生まれてくる。また、その恥じらいやつつしみから、「控えめな美しさがある」ことや「品がよい」こと、「思い遣りや配慮がある」こと、「こまやかに心を遣う」こと、「情け深い」ことなども意味するようになるほか（同98‐103、146）、美的な事柄に関して、「物静かな色調・情趣」や「しっとりとした尚古趣味」といった意味合いも帯びるようになる（同111）。さらにまた、それらから「滑らかさ」や「柔らかさ」、「素直さ」（同105、112-115）、「おとなしさ」や「温和さ」（同159-160）など、様々なニュアンスが派生していく。以上の次第を、竹内は古今の歌や文学、日記などを渉猟しながら解き明かしている。

少なくとも万葉集の時代から、千三百年以上にわたって日本語圏の文化のなかで「やさしい（やさし）」が辿ってきたこうした消息に、現代に生きる我々がどこまで馴染んでいるかは判然としがたいところがあるし、個人差もかなり大きいだろう。とはいえ、我々が普段「やさしい」という言葉を用いている無数の文脈の源流には古語「やさし」の用法があり、古来の意味合いが現在にも多かれ少なかれ響いていることは確かだろう。だからこそ我々は「やさしい」という言葉から、「弱い」、「繊細」、「上品」、「温厚」、「おおらか」、「親切」といった多様な言葉へと連想を広げることができるし、また、これらの言葉の意味で「やさしい」を日々使用することができているのである。

4―3　「『シューベルト』という名前はシューベルトにぴったり合っている」

〈生活のかたち〉の一部、生ける文化遺産としての〈魂ある言語〉のありようを確認したところで、ここで再びウィトゲンシュタインの議論に本格的に立ち戻ることにしよう。

〈魂なき言語〉、すなわち、それを構成する個々の記号（言葉）から受ける固有の印象というものが何の役割も果たさないような言語の一例として、ウィトゲンシュタインが記号論理学上の人工言語を挙げていることは、本章の1―3（84頁）ですでに確認した。また、その際に彼が、自然言語の正書法が変更されるときに感じる不快さについて同時に言及していることも見た。この、正書法の変更というものに関して、彼は別の箇所で以下のようにも述べている。

もしもある言葉の正書法が変更されたとしたら、人それぞれ、非常に多様な強さで違いを感じるだろう。そして、この感じは、単に古来の用法に対する敬虔さだけによるのではない。――正書法が単に実践的な問題に尽きるような人には、ある感覚が欠如しているのであり、その感覚は「意味盲の人」に欠けているものにまさに似ているだろう。（ゲーテが人名について述べたこと。囚人番号。）（Z: 184; cf. RPP1: 572）

この引用には様々な論点が盛り込まれている。まず最初に言われているのは、正書法の変更によってどれほど違和感や不快感といったものを覚えるかには個人差がある、という点だ。それこそ、正書法を元に戻すよう訴訟を起こすほどに不快に感じる人もいれば、あまり気に留めない人もいる。その違いは、変更に晒される言葉の多様な用法にこれまでどれほど馴染んでいたかの違いによるものが大きいだろう。また、そうした習熟の程度の違いを前提にした、古来の用法に対する敬虔さの違い――古来の用法をどれほど大事だと考え、尊重しているかの違い――もあるだろう。

とはいえ、重要なのは、全く違和感を覚えない人はいないということである。そして、その違和感それ自体は「熟練」や「敬虔さ」のみに由来するのではない。いまの引用で、ウィトゲンシュタインは同時にそうも強調している。正書法の変更が、たとえば「$\sim x$」を「$\neg x$」に置き換えるようなことと全く変わりがなく、利便性や効率性がどれほど向上するかという実践的な問題に尽きるようにしか思えない人には、ある感覚が欠如しているというのである。その感覚とは、意味盲（アスペクト盲、かたち盲《ゲシュタルト》）が持ちえない類いの感覚、つまり、言葉の表情を摑むといった感覚である。馴染みの言葉をよそよそしい言葉に置き換える際に違和感を覚えることは、馴染みの言葉がにわかに親密なものとして立ち上がってくる体験をすることと、まさに表裏一体なのである。

この最後の論点に絡んで、彼はさらに、「ゲーテが人名について述べたこと。囚人番号」という一節を付している。その意味はこれだけでははっきりしないが、手掛かりとなるのは別の箇所の次のような叙述である。「囚人は名前の代わりに番号で呼ばれる。その番号については、ゲーテが人名について述べたようなことを言う者は誰もいないだろう」(RPP1: 326)。

この箇所を訳した佐藤徹郎が訳註で指摘しているように (ibid.)、「ゲーテが人名について述べたこと」とは、具体的には、ゲーテが自伝『詩と真実』第二部のなかで述べている以下の事柄を指していると考えられる。

> 人の名前はコートのようなものではない。すなわち、ただ身につけているだけのもの、ときにつまんだり引っ張ったりできるようなものではない。むしろ、体にぴったり合った服、いやそれどころか、その人自身を傷つけないでは削いだり剝いだりできない皮膚それ自体のように、その

人と完全に一体になっているものなのだ。(Goethe [1812] 1998: 407/361)

たとえば、「アル・カポネ」という名前は、あの人物に、すなわち、二十世紀前半のアメリカを代表するあのギャングのボスにぴったりの名前に感じられないだろうか。あらためてそのように問われたならば、頷く人も少なくないだろう。「アル・カポネ」といえばあの人物のことであり、それこそ皮膚のように完全に一体になっていると。――ただし、彼には別の名前もある。脱税の罪で失脚し、アルカトラズ刑務所に収監されたとき、彼には「85」という囚人番号が付けられた。この名前は、ゲーテの比喩で言えばまさに「コートのようなもの」にあたるだろう。刑務所のなかにいる間だけ着て、釈放されれば脱ぐことができる。「85」は偶然、暫定的に彼に割り振られた数字であり、「84」や「86」に置き換えても変わりはない。囚人番号は彼と何ら本質的なつながりをもたない。そう言えるかもしれない。

ウィトゲンシュタインが、人の名前に関するゲーテの考えを囚人番号のよそよそしさと対比させつつ取り上げているのは、一方では批判的な観点を含んでいる。すでに本章1―2(78頁)や3―3(116頁)で確認したように、言葉の表情や響き、雰囲気、色合いといったものをそれこそ何か霊魂や気体のようなものとして実体化させたくなる傾向を、ウィトゲンシュタインは度々批判している。たとえば、「もしも」という言葉が、特定の可能性を仮定するときの気分や状況にぴったり合うように思われ、何か独特の表情を宿しているように感じられるとしても、その「もしも感」は、『もしも』という言葉に随伴する何かではありえない」(本書80頁)。同様に、「アル・カポネ」という名前が、その担い手にしっくりくる独特の雰囲気を纏っているように感じられるといっても、それは、何らかの神秘的な実体が文字通りこの言葉の周囲を漂っていたり、あるいは言葉のなかに込められたりしていて、我々がその実体を知覚している、ということではないのである。

しかし、他方では、馴染みの言葉にあらためて注目すればそれ固有の雰囲気を纏っているように感じられること、そのこと自体は彼は重視している。そして、これまで繰り返し確認してきた通り、その感覚の内実として彼の議論から浮かび上がってくるのは、言葉から様々な連想が呼び起こされうる（あるいは、まだ実際に連想を浮かべていなくとも、そう予感できる）ということである。たとえば、アル・カポネという人物をめぐる様々な伝記的事実や、彼に関連した映画等にこれまで親しんできた人であれば、この名前を聞けばすぐに、彼のあの太った顔や、映画で彼を演じた俳優の顔、映画のワンシーン、禁酒法、シカゴの暗黒街等々へと連想を広げていくことができるだろう。すなわち、「たくさんのよく知られた小道が、この言葉からあらゆる方向へと通じている」（本書122頁）のである。逆に、「85」と聞いても、そうした連想が浮かんでくることはない。そこからはどんな道も通じていないのである。

以上の論点を包括しているウィトゲンシュタインの断章を、ここでもうひとつ引用しておきたい。

有名な詩人や作曲家の名前が、それ固有の意味をそのなかに取り込んでいるように思われることを思い起こしてみよ。人は次のように言うことができる。「ベートーヴェン」と「モーツァルト」という名前は単にその音響が異なるだけではない。それらの名前には異なる性質、

(Charakter) が伴っているのだ、と。しかし、この性質をより詳しく記述する必要が出てきたときには、──君は彼らの肖像を示すだろうか、あるいは、彼らの音楽を示すだろうか。

　さて、再び意味盲の人について。その人はこうした名前が見聞きされるとき、これらが計測不可能な何かによって区別されるという感覚をもたない。(RPP1: 243)

「ベートーヴェン」と「モーツァルト」という言葉に注意を向ければ、音という計測可能な違いだけではない、まさに性質の違いがあるように感じられるだろう。それぞれが独特の表情を宿し、あの偉大な両作曲家にぴったり合っているような気がしてくるだろう。しかし、それは、霊魂や気体のような実体が言葉に宿っているということではなく、両作曲家の肖像や、彼らの作った音楽などへと自然に連想を広げられるということによるのである。

　そして、これとは反対に、たとえば意味盲（アスペクト盲）の人はそうした質的な区別を感じ取ることができない。言い換えれば、「ベートーヴェン」「モーツァルト」を取り換えて、交響曲《運命》や《田園》などを生み出したあの人物を「モーツァルト」と呼び、逆に、セレナーデ《アイネ・クライネ・ナハトムジーク》やオペラ《魔笛》などを生み出したあの人物を「ベートーヴェン」と呼ぶことに、意味盲の人は違和感や抵抗感を覚えない。同様に、「アル・カポネ」と「85」の間にも、意味盲の人は質的な違いを認めることができないだろう。

　以上の論点をめぐって、ウィトゲンシュタイン自身が例として最も よく持ち出すのは、「シューベルト」という名前である。「『シューベルト』──その名前はあたかも形容詞であるかのようだ」

（LW1: 69）。「確かに『シューベルト』という名前はシューベルトに完全にぴったり合う」（LW1: 72）。「私には、シューベルトという名前が彼の作品と顔にぴったり合っている気がする」（LW1: 791）。このような感覚について取り上げるとき、繰り返すようにウィトゲンシュタインの狙いの半分は、例の〈言葉に対応する言葉以外の神秘的な実体〉という幻影を払拭することに向けられている。「ぴったり合う」とか「しっくりくる」というのは、たとえば、パズルのピースが収まるべき場所に収まるというイメージ、すなわち、あらかじめそのピースのかたちに形成された場所にはまる、組み合う、というイメージを喚起する。このイメージを言葉に当てはめると、たとえば「『シューベルト』がぴったり合う」というのは、この言葉がぴったり収まるべき場所があらかじめ存在し、そしてこの言葉が実際に収まった、ということになる。つまり、当の言葉がなくとも、言うなれば言葉の輪郭だけが――言葉の表情、雰囲気、あるいは魂といったものだけが――存在する、というイメージである。しかし、それは錯覚である。言葉とは別に存在するその表情や雰囲気なるものは幻影、蜃気楼に過ぎない（LW1: 69）。このことの次第は、しっくりくる言葉を選び取る実践をめぐって、本章3―3（113-116頁）でもすでに跡づけた。

そして、にもかかわらず、確かに我々は「ぴったり合う」と感じるし、そう言いたくなる。「人は、実際に調和していないものを『調和している』とは呼ばない」（ibid.）のである。これが、ウィトゲンシュタインが重視するもう半分の論点である。

言うまでもなく、シューベルトが「シューベルト」という名前であることに、そうでなければならないという必然性はない。他の名前だったこともありうるのだ。その点では、囚人番号「85」と同様の偶然性を「シューベルト」に認めてもいいはずである。にもかかわらず、あの作曲家の名前は「シューベルト」以外ではありえない。私もそう言いたくなる。この感覚には、「シューベルト」という音の特徴も、おそらく影響を与えているだろう。日本語の人名で言うなら、たとえば私には、「西郷隆盛」という名前はあの明治維新の英雄にぴったり合うように思われる。それには、音の並びや漢字のかたちも関係していると言えるかもしれない。

しかし、それだけではない。そうした要素よりも明らかに重要なのは、繰り返しになるが、ある種の熟練である。まず、「西郷」が日本語圏の姓であることや、「隆盛」が日本人男性の名であることといった、歴史的背景が存在する。そのうえで、私は子どもの頃から、「西郷隆盛」という名前とともに、人物の肖像やエピソード、関連する人物や地域などに親しんできた。「シューベルト」という名前も同様に、ドイツ語圏の伝統的な姓としての背景をもち、また、この片仮名表記自体は、漢字以外の海外の人名を片仮名で表す日本語圏の伝統も背負っている。私はそうした背景を自ずと踏まえつつ、「シューベルト」という名前の下に、多くの肖像や楽曲などに長く親しんできた。だからこそ、それぞれの名前から様々に連想を広げることができるのである。

そして、もうひとつ、重要な要素がある。それは、人物（およびそれと関連する諸々の事物）とは別に、その名前自体に注目するという契機である。普段、我々がシューベルトや西郷隆盛について考えたり言及したりするときには、彼らの名前が「シューベルト」や「西郷隆盛」であることに特に注意は向けない。我々は通常は、『西郷隆盛』という名前のあの人物」について語るのではなく、端的に西郷隆盛について語るのである。しかし、ふとしたときに、名前そのものが主題化される。たとえば、その名前をしばらく思い出せず、ようやく浮かんできたとき。あるいはそれこそ、「西郷隆盛って、いかにも『西郷隆盛』という感じがしない？　『西郷隆盛』感ない？」などと問いかけられたときなどである。そうしたとき、名前とその担い手との間で束の間、微妙な乖離が生じ、我々はあらためて名前そのものに注意を向ける。そして、名前から様々に連想が広がる予感を覚える。それが、名前の表情や雰囲気、色合いといったものを感じ取る端緒なのである。

4—4　「意味」という言葉の故郷——アスペクトを渡ること

いま、人名に関連してウィトゲンシュタインの議論から確認した論点は、これまで扱ってきた他の〈魂ある言葉〉にも当然当てはまる。

たとえば「むつごい」という言葉が、むつごいものを形容するのにぴったりであるように感じられるとしたら、そこにはある程度はいわば音楽的要素が、すなわち、「ムツゴイ」という音の並び方が寄与していると言えるかもしれない。しかし、それ以上に、この言葉が様々な場面で用いられる讃岐地方の文化の生活に馴染んでおり、そのうえで、この言葉にあらためて注意を向け、様々に連想を広げうる契機が訪れるということが、決定的に重要だろう。

ただ、連想ということに関して、人名と多義語の間には違いも認められる。人名の場合には、そこから広がる連想は、主としてその担い手の顔や仕事、エピソードなどになるだろう。それに対して、後者の「むつごい」といった言葉の場合には、それと類似した様々な言葉にも連想が延び、その全体が家族的類似性によって緩やかに連関した場を形成する。この点に、本章では特に注目してきた。

我々が普段「やさしい」や「むつごい」等々の言葉をよどみなく使用しているときに、言葉のそうした多面体的な構造を特に意識しているわけではないが、かといって我々は、それらを平板に捉えているわけでもない。我々が多義的な言葉を立体的に理解していることは、態度のうちにおのずと示されるものであるし、それから、「いま『やさしい』ってどういう意味で言ったの？」などと訊かれ、滑らかな言語使用が中断したときに、その質問に答える過程を通じて顕在化するものである。すなわち、「繊細」や「親切」など、「やさしい」から置き換え可能な言葉同士を比較して、「『上品』という意味だ」などと答える過程である。この過程において我々は、〈あるものを自覚的に別の何かとして捉える〉という、アスペクト盲の人には不可能なことを達成しているのである。

この点に絡んで、ここで強調しておくべきポイントがある。それは、我々が言葉をめぐって他ならぬ「意味」という言葉を日常で使用する場面の多くは、そうした、言葉の立体的理解というものが顕在化し、その理解の有無や程度が問題となる場面だ、ということである。[27] すなわち、直前で見たような、一方が「いま『やさしい』ってどういう意味で言ったの？」などと訊き、他方が「……という意味だ」と答えるような問答の場面や、あるいは、一方が「いまの『やさしい』というのは意味がわからない」などと言い、他方がその不満に応えて意味を説明する、といった場面である。そして、このポイントの重要性は、「言葉の意味とは何か」という哲学上の古典的問題との結びつきにある。

古来、言語をめぐる哲学的議論において、「言葉の意味とは何か」という問いはしばしば、「言葉が表しているのは本質的にはどのような対象か」という問いとして捉えられてきた。すなわち、言葉に対応する実在の事物であるとか、あるいは、個々人が心に思い描くイメージであるとか、あるいはまた、経験可能なものを超越したイデア的な何かである、といった具合である。ウィトゲンシュタインは、この問いに答えるにはそのような対象を――「意味」に対応する「何か」を――探し求めるのではなく、ほかならぬ「意味」という言葉が我々の日常生活でどのように使われているかに目を向けよ、と促す。すなわち、この言葉を「その形而上学的な用法から、再びその日常的な用法に連れ戻す」（PI1: 116）ように促すのである。そして、その「日常的な用法」の多くは、いま見たような、意味が問われ意味を説明する、まさにその場面の用法のことである。「つまり、『意味』という言葉の使い方を理解したいのであれば、『意味の説明』と呼ばれるものを調べてみよ、ということだ」（PI1: 560）。日常生活において言葉の意味が説明されるその現場、すなわち、「意味」という言葉が本来息づいている住処を見ることを通して、「『意味とは何か』という問題を地上におろす」（BB: 1/8）こと、それがウィトゲンシュタインの狙いなのである。

「言葉の意味とは何か」という問いへの答えは、「意味」なるものに対応する何かを探し求める形而上学によってではなく、日常において意味の説明が行われている現場を見ることで示される。そして、その現場とは多くの場合、特に母語を習得している者同士であれば、問題になっている言葉を別の言葉に置き換えて説明する場面を指すだろう。それは言い方を換えれば、同一の言葉がもつ様々な側面に注意が向けられる場面であり、しばしば言葉に関してアスペクトの変化を体験する場面なのである。

以下に引用する一節は、〈言葉の意味〉というものについての彼のこうした見解が凝縮したものだと言えるだろう。

「文の意味」は、「芸術鑑賞」の営みに極めて類似している。(LC: 29/186)

同一の対象(絵画、彫刻、音楽、等々)が多様な解釈を喚起すること、すなわち、多様なアスペクトで把握されること、それが芸術鑑賞の営みを特徴づける。この点をウィトゲンシュタインは次のようにも語っている。

「私はそれをいま……として見ている」という類いの伝達がどう使われるかや、どういう関心に拠っているかを考えるとき、私の念頭に浮かぶのは、美にまつわる事柄の鑑賞においてしばしば言われる次のような言葉である。「君はそれをこう見ないといけない。こういう意味なんだから」。「君がそれをこう見たら、それのどこに欠陥があるか分かるだろう」。「君はこの小節を導入部として聴かないといけない」。「君はこの主題をこう区切らないといけない」(これは音楽を聴くことにも演奏することにも当てはまる)。(LW1: 632; PI2: 178)

このように、芸術鑑賞をする際、我々は対象の多様なアスペクトを比較し、しっくりくる見方や聴き方を探っていく。このとき芸術作品は、部屋の賑やかしや投資などの目的のために使用されるのではなく、それ自体が注目を集め、解釈を待つ謎として立ち上がっている。

そして、同じことが言葉にも当てはまる。我々は言葉を様々な用途に使うだけではなく、言葉そのものに対してあらためて注意を向けることもある。特に、「意味」という言葉が飛び交う「意味の説明」の場面では、言葉は多かれ少なかれ一個の謎として主題化している。そのとき、我々はまさに芸術鑑賞をするように、言葉という同一の対象の多様なアスペクトを見渡していくという実践を行っているのである。

以上のことから、なぜウィトゲンシュタインが、アスペクト盲を「意味盲」とも呼ぶのか、その十全な理由を見極めることができるだろう。つまり、意味盲の状態にある人々は、「意味」という言葉を用いた諸々の実践に参加したり、その実践を理解したりすることができないのである。これまで確認してきた通り、〈言葉の意味を問い、答える〉という類いの実践は、あるものを自覚的に別のものとして捉えるという、彼らには原理的に不可能な能力を要求する。また、すでに本章3―1（106頁）で見たように、言葉のかたち《ゲシュタルト》が崩壊して意味自体を失ったという報告も、逆に、言葉がかたち《ゲシュタルト》を結んで意味を成したという報告も、彼らには理解できない。つまり彼らは、「意味」という言葉と無縁なのである。

ただし、「意味」という言葉を使いこなせる我々の方は、彼らにはない危険を潜在的に抱え込んでもいる。ゲシュタルト崩壊を体験できるということは、「文字禍」の老博士や「チャンドス卿の手紙」のチャンドスと同様の精神的危機に陥る可能性が僅かでもあるということだ。（この点に関しては本章3―2（106頁）でもすでに触れた。）すなわち、言葉をはじめとして、周囲のものの意味を見失い、よそよそしい空虚な異物としか感じられなくなるという危機である。

言葉は、滑らかに使用されているときには目立たず生活のなかに融け込んでいる。そこから言葉が際立ち、我々があらためて注意を向けることは、その言葉から様々に連想を広げ、言葉の表情や響き、雰囲気、色合いといったものを感じ取る端緒ともなりうるが、逆に、言葉が単なる線や音の集合に感じられてしまう病的な現象とも繋っている。しかし、言葉そのものに注目することが孕むそうした危険について、ウィトゲンシュタイン自身は何も語ってくれてはいない。それゆえ、この問題に対する見通しを得るため、ここで別の論者の議論も紹介しておきたい。

作家の開高健が、中島敦の「老博士」とサルトルの『嘔吐』を同時に取り上げていることは、第1章1―5（38頁）でも簡単に紹介した。その開高は、「文字禍」の老博士が見舞われた精神的危機について、次のような診断と教訓を示している。

文字は凝視に耐えられない。文字はそこに一点たちどまって凝視してはならない。それは一瞬、瞥見《べつけん》した瞬間になにごとかを感知し、あとは眼をそむけなければならない。それとたわむれてはならない。チューインガムのように噛みしめ、しゃぶりつくしてはならない。初見の閃光や果汁をこそ味わうべきであって、そのあとはそっとしておかなければならない。岩はあくまでも岩として徹底的に眺めながらも同時にそれは流れのなかのもの、空や、森や、岸や、白い泡や、閃く魚影などとの絶妙な組みあわせのなかの一要素として眺めなければならないのである。（開高 一九八五：67 ※強調は引用者）

「文字禍」のあらすじを振り返るなら、老博士は、卜者《ぼくしゃ》が動物の骨などを見つめるごとく、文字にじっと目を凝らし続けることで、ゲシュタルト崩壊を体験した。そしてそれが、あらゆるものが無意味で空虚なものと化していく契機となった。老博士は、文字に注目した後、それをあまりに長く凝視してしまったのである。

音声に関しても、全く同じ教訓が成り立つだろう。同じ言葉を言い続けたり聞き続けたりすれば、やはりゲシュタルト崩壊は起こりうる。そしてそれは、意味が引き剝がされた単なる存在を、生命のない無機質な存在を、垣間見る体験となる。

文字のみを見つめてはならない。音声も、それだけを反芻してはならない。言葉が際立ち、注意を惹かれても、それに完全に釘づけになってはいけない。むしろ、開高が勧めるのは、いわば眼を次々に転じて、その言葉がどのような流れのなかに位置しているか、他のどのようなものと組み合わされ、連関しているかを見渡していくことである。つまり、一つ所に留まらず、いわば次々にアスペクトを渡っていくことではじめて、言葉の輪郭というものを捉えることができる。そうした動的かつ全体的な把握の仕方は、本章でウィトゲンシュタインの議論と絡めつつ〈言葉の立体的理解〉と呼んで追究してきたあり方と同じものを指していると言えるだろう。

実際、ある箇所でウィトゲンシュタインは、「言葉は生活の流れのなかではじめて意味をもつ」(LW1: 913) と述べている。言葉は生活の流れのなかで、その一部としてはじめて意味を成す。言葉は、多様な文脈において多様な事物や言葉と連関しながら、次々に異なる仕方で用いられ、刻々と表情が移り変わっていくからこそ、そのつど特定の表情を宿した言葉として我々に立ち現れてくることがありうる。これに関連して、ウィトゲンシュタインは、「固まったままの微笑みはそもそも微笑みでも何でもない」(LW2: 57/354) と指摘している。あるいは、「表情をひとつしか見たことのない人がいるとすれば、その人は『表情』という概念をもつことはできない」(LW1: 766) とも。つまり、「表情は、顔つきの変化のなかにのみ存在する」(RPP2: 356) のであり、そして「同じことは、文字の表情についても当てはまる」(ibid.) ということである。

4—5　まとめと、第3章への展望

本節では、第3節までの議論を踏まえて、〈言葉の多義性を把握し、言葉を立体的に理解できるということに、どのような重要性があるのか〉という問題について、次の最終章に向かうためのいくつかの論点を得ることを目指した。

自然言語は語彙が非常に多く、また、そのなかで多義語が占める割合も大きいという点だけをとっても、効率的な情報伝達のための道具という面で難点を抱えている。個々の言葉を使いこなすには時間も手間も掛かる。また、習熟の程度の違いや文脈の見誤り等々の要因によって、言葉が何を意味しているかについて齟齬が生じることも多い。それゆえ、習得も運用も容易な国際共通語を目指してつくられた人工言語は、多義語も語彙全体も抑制した設計となっているのが通例である。

しかし、ウィトゲンシュタインは、そうした人工言語に極めて厳しい評価を下している。ordonoやordoといった、既成の自然言語の言葉と似て非なるエスペラントの言葉に対して、彼は「吐き気を催す」と断じる。冷たく、何の連想も呼び起こさないにもかかわらず、「言語」のような顔をしている、というのである。逆に言えば、彼は言語を言語たらしめる重要な特徴を、言葉が連想を呼び起こすという点に見ているのである。実際、日本語やドイツ語等々の自然言語は、それらによく馴染んでいる人にとっては、ひとつの言葉が様々なイメージや別の言葉などに結びつく豊かさを湛えている。この点を本節では、日本の倫理学者による「いき（粋）」という言葉や「やさしい」という言葉の分析、あるいは、ウィトゲンシュタインによる「ベートーヴェン」や「シューベルト」といった人名をめぐる議論を跡づけることで確認した。

ウィトゲンシュタインによれば、言葉を用いるというのは〈生活のかたち〉の一部である。言い換えれば、言葉の使用は各々の文化の有り様を示すものでもあるということだ。言葉が豊かな連想の喚起力をもつのは、各々の文化が辿ってきた長い歴史のなかで、無数の言葉が互いに絡み合いながら、生活のあらゆる場面で用いられ、文字通り生活の一部となるような仕方で意味をもってきたからである。その意味で、自然言語は各々の文化の生ける遺産であり、しかも、おそらくは最も巨大で複雑な遺産として特徴づけられる側面がある。

また、本節で同時に確認したのは、同じことは「意味」という言葉それ自体にも当てはまる、ということである。ウィトゲンシュタインは、「言葉の意味とは何か」という問いに対して、「意味」なるものに対応する「何か」を探し求めるのではなく、ほかならぬ「意味」という言葉が我々の日常生活でどのように使われているかに目を向けるよう促す。とりわけ、彼が注意を促すのは、「意味」という言葉が飛び交う「意味の説明」の場面である。そして、そこでは言葉が一個の謎として主題化していること、また、そのとき我々は、まさに芸術鑑賞をするように、言葉という同一の対象の多様なアスペクトを見渡していくという実践を行っていることを、彼は浮き彫りにしている。

我々はアスペクト盲の人とは異なり、この種の実践を行う能力をもっている。しかし、だからこそ、ゲシュタルト崩壊に襲われて、言葉が——ひいては世界が——よそよそしいものと化す危険を潜在的に抱え込んでいる。本節の最後に確認したのは、この危険に対して開高健が記している教訓である。言葉が際立ち、注意を惹かれても、それ自体に注意を集中し続けてはならない。言葉がどのような生活の流れのなかに位置し、どのようなものと連関しているかを見渡していくこと、つまり、一つ所に留まらず、いわば次々にアスペクトを渡っていくことではじめて、言葉の輪郭というものを捉えることができるのである。

＊　＊　＊

この第2章では、ウィトゲンシュタインのアスペクト論と、それと関連する言語論を追いながら、〈言葉の立体的理解〉と呼ぶべきあり方を輪郭づけた。そして、言葉が言葉として主題化される契機の探究を通じて、言葉と親密である（言葉に馴染んでいる）ということや、言葉が生命を得るとか喪失すると表現したくなる事柄の内実について、一定の見通しを得た。

また、特に本節では、自然言語が各々の文化の生ける遺産としての側面をもつことを確認した。我々は、たとえば母語の馴染んだ言葉から、ときに多様な種類の連想を次々に呼び起こされる。その「たくさんのよく知られた道」は、言葉を用いることが文字通り生活の一部であり、過去から現在に至る長く深い言語的実践の歴史があることを背景にするのである。

次の最終章では、以上の論点を手掛かりにして、カール・クラウスという人物の言語論を追っていくことになる。その議論は一見謎めいているが、ここまで見てきたウィトゲンシュタインの言語論と照らし合わせることによって、その中身を解き明かすことができるだろう。クラウスもウィトゲンシュタインも、言語の複雑な中身を具体的に吟味し把握する営み、すなわち言語の批判《クリティーク》を展開している点で共通しているが、その内実を明らかにできれば、両者が言語をめぐって同様の関心を抱き、同様の方向に向かっていること――というより、クラウスがときにウィトゲンシュタインよりも先駆的、かつ踏み込んだ議論を展開していること――が見て取れるだろう。

そして、何よりも、言葉の多義性の把握や立体的理解というものそれ自体にどのような重要性があるのかという、本書でまだ積み残している問題について、主にクラウスの議論を導きにして、一個の答えを導くことができるだろう。

第3章 かたち成すものとしての言葉

――カール・クラウスの言語論が示すもの

本章では、カール・クラウス（一八七四―一九三六）の言語論を主に跡づけていく。それを通して、本書全体を通じて追い続けてきた、〈言葉が生命をもつ〉とか〈言葉に表情や魂が宿る〉という風に言いたくなる事柄の内実を、前章とは幾分異なる切り口から確認することになる。また、言葉の多義性の把握や立体的理解というものの重要性についても、本章の後半で踏み込んで検討する。鍵となるのは、〈言葉を選び取る責任〉というかたちでクラウスが輪郭づける、一個の倫理である。

第1節　クラウスによる言語「批判」

1―1　稀代の諷刺家・論争家クラウス

カール・クラウスは、『人類最期の日々』や『第三のワルプルギスの夜』といった戯曲を遺した作家・詩人である。だが、それ以上に、「世紀末ウィーン」を舞台に活躍した同時代最大の論客の一人として知られている。

若くしてすでに批評の分野で注目を集めていたクラウスは、一八九九年、雑誌『炬火（*Die Fackel*）』を創刊し、死の直前の一九三六年まで刊行を続けた。広告を掲載せず、諷刺や皮肉を駆使して大新聞や政財界などの強大な相手に論争を仕掛け、時代や社会と鋭く切り結ぶ『炬火』は、当時かなり大きな反響を呼んだ。創刊号は増刷を重ねて三万部に達し、それ以降も一九二〇年代までは平均して七千部から一万部が発行されていたという。当時のウィーンを代表する高級紙『新自由新聞《ノイエ・フライエ・プレッセ》』の発行部数が平均して五万五千部であったことを鑑みれば、『炬火』が個人誌であるにもかかわらずいかに広範に読まれていたかが窺える（河野 二〇一二b：418－419）。

クラウスの言論活動に深く影響を受け、またそのことを公言している思想家や哲学者は数多い。たとえば、ヴァルター・ベンヤミン、テオドール・アドルノ、エリアス・カネッティ、ピエール・ブルデュー、ジャック・ブーヴレスなどである。

そして、前章で取り上げたウィトゲンシュタインも、クラウスの影響が色濃い人物の一人である。彼が育った家の書庫にはクラウスの著書が並んでおり、さらに、姉マルガレーテ（グレートル）は『炬火』を全巻揃えていた（McGuinness 1988: 37/61）。そうした環境のなかで、ウィトゲンシュタインはかなり若い頃からクラウスの言説に親しんでいたはずである。実際、一九一三年から一四年にかけて彼がノルウェーに長期滞在していたときには、友人のパウル・エンゲルマンに頼んでわざわざ『炬火』を送ってもらっていた（Engelmann 1970: 102）。また、一九一八年に最初の著作『論理哲学論考』の原稿を完成させると、彼は真っ先にヤホダ・ジーゲル社に出版を打診した。というのも、この出版社は『炬火』をはじめとするクラウスの著作物を担当していたからである。彼は、『論理哲学論考』が『炬火』の目的に適うものと見なし、クラウスに読まれること、ひいてはクラウスの本の隣に並ぶことを希望していたのである（Monk 1991: 156-157/167; McGuinness 1988: 266/446-447）。[28]

彼は日記のなかで、クラウスについてたとえば次のように語っている。

> 私の思考は実際は複製・再生産的なものでしかないと考えたなら、そこには一個の真理があるのではないか。思うに、私が思想運動を創り出したことなど一度もなく、代わりにいつも誰かから与えられ、すぐに情熱的にそれに飛びつき、明晰化という自分の仕事に供したのである。そうして私は、ボルツマン、ヘルツ、ショーペンハウアー、フレーゲ、ラッセル、クラウス、ロース、ヴァイニンガー、シュペングラー、スラッファから影響を受けた。(CV: 16/52)

> 私はしばしば、自分がクラウスや彼に近しい精神の人々にかなわない事に思い悩んできたし、そのことで自分を責め、傷ついてきた。そう考えることに、いったいどれほど大きなうぬぼれが潜んでいることだろう。(D: 55/78)

彼がクラウスから何を受け取ったのか、それが直接分かるのは文体である。クラウスは、ゲーテやリヒテンベルク、ニーチェらに連なる、ドイツ語によるアフォリズム（簡潔な表現によって鋭く広がりのある内容を示す警句・箴言）の名手である。そしてウィトゲンシュタインも、生涯にわたってアフォリズム的な短文や断片的な言葉を数多く生み出した一人だが、そうした自身の文体の形成にクラウスが大きな影響を与えていることを彼は明言している（Hänsel 1994: 143）。また、同時に彼は、アフォリズムに頼ってこれを多用し過ぎてしまうことについて、ときにクラウスに批判的な目線を向けながら自戒の念を綴ってもいる（ibid; CV: 76/185; D: 91/138-139）。

ただし、クラウスがウィトゲンシュタインに与えた影響は、そうした単なる形式的なものには留まらない。ウィトゲンシュタイン本人は言及していないが、両者の言語論には深く共鳴する部分、相互に論点を補い合う部分がある。この点は、これからクラウスの言語論を追っていくなかで次第に明らかになるだろう。そして、その両者の親近性から、いわば間接的に、クラウスからウィトゲンシュタインへの思想上の影響関係を推し測ることができるだろう。

1―2　言語不信から言語批判へ

クラウスの言語論は、言語に対する独特なかたちの信頼を基調としている。それは、同時代を覆う言語不信の思潮に抗する立場でもある。

第1章第2節で見たように、「世紀末ウィーン」を彩るマウトナーやホーフマンスタールといった作家・思想家たちは、言語の外に出られないことに対するもどかしさというかたちで、言語に着目していた。およそ何ごとかを経験し、またそれを振り返り、他者に伝える際に、人は言葉を用いないことができない。言語は自己とその外部をつなぐ不可欠の媒体《メディア》であり、ものを考え、それを伝えるために欠かせない手段《メディア》である。しかし、その肝心の言語が本質的に不完全なものでしかない。言葉は本来、線や音の集合に過ぎない。また、それが担いうる意味は肌理《きめ》が粗く、不正確であり、自分の感覚や思考をどうしても歪めてしまう。それゆえ、世界をあるがままに捉えるには言語自体から解放されなければならないが、それはどうしても不可能だ。ならばその希望は、日常の言語とは異なる詩の言語に、あるいは、瞑想や絵画、音楽といった領域に託されねばならない。――言語に対する以上のような不信感から、マウトナーやホーフマンスタールはたとえば神秘主義的な方向に傾いていった。

では、クラウスはどうか。彼は、「話すことと考えることは一体である」(S: 17/14) と述べる。この点では、「話すことなしには――つまり、言葉なしには――思考は存在しない」(本書56頁) とするマウトナーの立場と近いかに見える。しかしクラウスは、言語が不可避的に我々の思考を制限し、歪めている、とは考えない。自分が用いている言葉が歪んでいるとすれば、それはとりもなおさず、自分の考えが歪んでいることを示すというのである (ibid.)。つまり、言語のせいで正確にものを捉えたり正しい思考を展開したりできないのではない。そうではなく、自分のせいなのだ。自分が粗雑に言葉を用いているのであり、そのようにして、粗雑に考えているのである。

クラウスによれば、我々の多くは言葉の肌理の粗さを嘆くことができるほど言葉を限界まで使いこなせてはいない。むしろ、個々の自然言語は人の手に余るほど複雑で奥深く、その巨大な有機体には、汲めども尽きない豊かな可能性が広がっている。それゆえ、言語に対して向けられるべきは不信ではなく、批判《クリティーク》、すなわち、複雑な中身を具体的に吟味し把握することである。こうしたクラウスの基本姿勢は、「言語は思想の母であって召使い (Magd) ではない」(A: 235/223) というアフォリズムや、あるいは、「人間は言語に仕えることを学べ!」(S: 373/715) という呼びかけに端的にあらわれている。

ただし、クラウスは、人は言葉の慣習的な使い方や文法規則に正確に従うべきだ、と言っているのではない。確かに、彼は『炬火』等の誌面で、新聞や政治家などが用いる言い回しの不自然さやミスを執拗にあげつらっている。また、逆に、公刊された彼自身の文章にはスペルミスがひとつも存在しないという。そのような批評や著述のあり方は、一見するとドイツ語の語彙や文法規則を絶対視しているだけのようにも見える。しかし実際には、「誤りだけで組み立てられながら、それでも正しい文章だということがありうる」（S: 23/22）という叙述からも明らかなように、彼は言葉の形式的な正確さを追究していたわけではなく、逆に、「言語には、言語によって正しいものへと仕立て上げられないような誤りは何ひとつ存在せず」、「誤った言語使用からさえ正しいものを作り上げることが、言語には本来可能である」（S: 23-24/22-23）と述べて、言語にはある種の創造的な誤りがあるということすら強調している。すなわち、「諸々の規則は、なるほど何かしらの言語感覚から抽出されたものであるが、より繊細な言語感覚は、そうした規則が崩れる際にこそ真価を発揮すると言えるかもしれない」（S: 23/22）というのである。

　この点に関して、クラウス自身が挙げている例を見ておこう。それは、「daran vergessen」というドイツ語の言葉が用いられる場面である。

vergessen は、基本的に「忘れる」とか「置き忘れる」といったことを意味する他動詞であり、古いかたちでは自動詞的用法もあるが、その場合には二格の前置詞を用いるのが通例である。したがって、三格および四格の前置詞である an を用いた「daran vergessen」は誤用と見ることもできる。[29]

　しかし、クラウスは、「daran vergessen」という言葉の使用はどんな場合でも誤りになるわけではない、と指摘する。むしろ、この言葉を話す人物の心模様をまさに正しく浮き彫りにする場合もあるというのである。彼によれば、daran vergessen という言葉は、おそらくは「sich daran erinnern（それについて覚えている)」や「daran denken(それについて思いをいたす)」という言葉に引きずられたものだという。つまり、「daran vergessen...」と口に出す者は、自分はそれについて忘れているということを——まさに不自然なまでに——強調しているのだが、その背後には、「sich daran erinnern」や「daran denken」といった、「忘れている」とは正反対の意味合いが響いているということである。この点をクラウス自身は次のように説明している。「[daran vergessen という言葉を用いる人は]忘却という出来事を非常に強調しようとしているのだが、たとえば、それを思い出したくないという意図が働くことによって、忘却がなおもその対象『に(an)』すがりついたまま残っているのである」(S: 23/22-23)。

それについて忘れている、そう強調すればするほど、忘れているはずのそれが存在感を得て、残存する。本当に忘れているのであれば、それはどうでもよい出来事なのではなく、思い出したくないような出来事なのだろう。逆に、本当は覚えているのであれば、それはさぞ都合の悪い出来事なのだろう。いずれにせよ、「daran vergessen」という言葉の使用から漏れ出ているのは、「思い出したくないことを思い出せずにいる」(S: 23/23)ような、そうした微妙な心模様、いわゆる「信頼できない語り手」の心理なのである。

誤った言語使用からさえ正しいものを作り上げられるという、このクラウスの論点を明確にするために、ひとつだけ、関連すると思われる日本語の言葉の例も挙げておこう。以前、私の友人がインスタントラーメンを食べていて、「うん、このスープ、全然旨い」と言ったのを聞いたことがある。副詞としての「全然」という言葉は、「全然駄目だ」とか「全然知らない」という風に、打ち消しや否定の言葉を伴うのが現在は通例である。そのため、「全然旨い」とか「全然素敵だ」等、否定を伴わない言い方は誤用とされたり、好ましくない言い方、避けるべき言い方とされたりすることが多い。[30]

しかし、「全然旨い」という言い方からは、そこに自ずと込められた様々な意味合いを読み取ることができる。おそらく、友人が発した言葉は、「AはBに比べれば全然いい」というような、比較対象Bを否定しつつ相対的にAを肯定する種類の言い方に引きずられたものだろう。具体的には、「事前の予想に比べれば全然いい」とか「許容できるレベルよりも遙かにいい」といった、軽い驚きを含んだ意味合い、あるいは、「一般的にインスタントラーメンに期待されているスープの水準に比べれば全然いい」とか、「そこいらの並みのラーメン屋のスープと比べてもかなりいい」といった意味合いが、友人の言葉の背後に響いていると思われる。すなわち、ラーメンのスープ一般として最高のレベルにあるわけではなく、「最高に旨い」と手放しに絶賛するほど美味しいわけではないが、それでも、インスタントラーメンとしては相当美味しい部類に入るし、並みのラーメン屋よりも旨い、自分はこれで十分満足できる――そのように驚きつつ評価する微妙な心理が、友人の言葉から自ずと漏れ出ていたと理解できるだろう。

ほかにも、本来の用法や一般的な用法からすれば誤用と見なしうるが、その逸脱ゆえに独特の意味合いを帯びる言葉や、その逸脱をもっともと感じさせたりするような言葉は、様々にありうるだろう。ともあれ、クラウスが強調するのは、言葉が何ごとかを表現するということにとっては、慣習的な使い方や表面的な文法規則への適合などよりも、「文の呼吸こそが、そして、規則からの逸脱をもっともと感じさせるような、逸脱をめぐる状況こそが重要だ」(S: 23/23)ということなのである。

1―3　言語浄化主義の何が問題なのか

ここまで、クラウスの基本的な言語観について確認してきた。彼は、「言語に仕えることを学べ！」と呼びかけ、言葉を正しく用いることと、正しくものを捉えたり考えたりすることとを同一視する。ただし、その「正しく用いる」というのは、言葉の慣習的な使い方や文法規則を単に墨守するということに過ぎないわけではない。むしろ、そこから逸脱することによって実現する「正しさ」もありうると強調するのである。

このように、言葉の使用に関する繊細な感覚に注目し、その創造性や柔軟性を強調するクラウスにとっては、外来語を排斥したり「適正」な語彙や文法を指定したりすることによって母語を浄化しようとする者たち――いわゆる「言語浄化主義者（Sprachreiniger）」たち――の運動は、最も厳しい攻撃対象のひとつだった。彼は、ドイツ語圏の人々にとって馴染みの外来語、たとえば「Coupé（コンパートメント）」や「Zervelat（ソーセージ）」といった言葉を廃止して、「Abteil（車室）」や「Schlackwurst（腸詰め挽肉）」といった言葉で代用させようとするときに何が失われてしまうのかを極めて重視するのである（S: 10/5）。

この点に関しては、我々の念頭にも容易に浮かぶ事柄があるだろう。それは、太平洋戦争中の日本において、英語由来の外来語が「敵性語」「敵国語」として排斥された一連の出来事である。当時、たとえばＮＨＫは「アナウンサー」という言葉を廃止し、代わりに「放送員」という言葉を用いるようになった（大石 二〇〇七：56）。鉄道省は駅構内の英語表示を禁止し、「プラットホーム」の代わりに「乗車廊」、「ロータリー」の代わりに「円交路」と表示するようになった（同50）。日本野球連盟は、「ストライク」を「よし」や「正球」に、「アウト」を「ひけ」や「無為」に、「グローブ」や「ミット」を「手袋」に代えるなどの指導を行った（同34－37）。この種の言い換えを急に人為的に行った場合、言葉から決定的なものが損なわれ、失われてしまう、そうクラウスは主張するのである。

この点を明確にするために、クラウスはひとつ具体例を挙げている。彼は、あるドイツ語圏の言語浄化主義者が「Adresse（アドレス、住所、宛名、上奏文、請願書、メッセージ、等）」というフランス語由来の外来語を避けて「Anschrift（住所、宛名）」という言葉で代用させている文章を槍玉に挙げる。そして、その代用の試みがどのような背景の下になされ、どのような問題が生まれるのかを詳細に分析してみせている（S: 12-15/9-12）。以下、論点を補いつつ詳しく見ていこう。

（1）言語浄化主義者はまず、Adresse は外来語だから、ともかくドイツ語の適当な言葉に置き換えねばならないと考えた。そして、Anschrift という言葉を採用した。しかし、もしも Adresse が単に「封筒の表面に書かれているもの」しか意味しない言葉であるのなら、Anschrift ではなく「Aufschrift（表面に書かれたもの、上書き、レッテル、碑文、銘文、刻文、宛名、住所、等）」という言葉の方が適当だったはずである。では、なぜ Aufschrift は採用されなかったのだろうか。

（2）それは、この Aufschrift という言葉が「表面に書かれたもの・上書き」以外にもつ意味――「レッテル」「碑文」「銘文」「刻文」等――が、Adresse という言葉に結びつくことに抵抗するからである。Adresse は、元々のフランス語では「自分を誰かに向ける（s'adresser）」という、「方向」ないし「関係の目標」といった意味合いで用いられる言葉に由来し、そこから「住所」「宛名」という第二義的（派生的・比喩的）な用法が生まれたという経緯がある。それに対して、外来語としてドイツ語化したAdresseでは、「住所」「宛名」の意味がまず浮かべられるのが普通である。しかし、それでも、この言葉は郵便制度だけを意味するのではなく、フランス語における「方向」ないしは「関係の目標」という語源的・本来的な意味も確かに響いており、実際、「上奏文」や「請願書」、「メッセージ」といった意味も保持している。他方、Aufschriftにも多様な意味が含まれているが、この言葉の語源的・本来的な意味合いは、やはり「表面・上に（auf-）」「書かれたもの（-schrift）」というものであり、そうであるがゆえに、この言葉は「レッテル」や「碑文」、「銘文」、「刻文」といった第二義的な意味へとつながっている。こうした違いがあるからこそ、AdresseとAufschriftは互いに置き換えることが困難なのである。

（3）言葉同士のこのような違いに自ずと導かれて、言語浄化主義者はAufschriftを用いるのを無意識的に諦め、Anschriftを代用品として採用した。彼らは、「何かに接して、何かのそばに（an-）」という接頭辞によって、「誰かに向けて書く」という「方向」ないし「関係の目標」としてのAdresseの性格を反映させたかったのである。しかし、このAnschriftという言葉は、「どこからどう見ても、〈書かれたもの〉という観点をインクの跡も生々しくその根底に含んでいる概念」（S: 14/12）である。したがって、AnschriftをAdresseの代用品として使用するとすれば、その意味は、「Anschriftという言葉の〈書かれたもの〉というイメージを無理矢理に抑えつけて初めて獲得されるような意味」（S: 15/12）にほかならない。Anschriftが真にAdresseの代用品となりうるためには、かつてフランス語圏からAdresseという言葉が入って来て以降の歴史がそうであったように、我々にそのような意味として馴染むまで非常に長い時間が必要であり、〈書かれたもの〉という意味合いがもはや比喩的なものになるほどに背景に退き、その痕跡が消えるまでにならねばならない。ある日突然、AdresseをAnschriftに人為的に置き換えようとしても、それは不可能なのである。

——以上のクラウスの分析は、前章で輪郭づけた〈言葉の立体的理解〉や〈言葉の場〉という視座から簡潔に整理し直すことができるだろう。まず、Adresseは、「アドレス」や「住所」、「宛名」といった意味の背景に、「自分を誰かに向ける」といった語源的・本来的な意味が残っており、「上奏文」や「請願書」、「メッセージ」といった意味も備えている。つまり、そうした連関によって奥行きないし多面性が与えられて、このAdresseという言葉が構成されているということである。そして、Aufschriftも同様に、「表面・上に書かれたもの」という意味のほかに「レッテル」「碑文」「銘文」「刻文」といった意味をもち、独特の多面体をかたちづくっている言葉であるし、Anschriftもまた、「(何かに) 書かれたもの」という基本的な意味と「住所」や「宛名」といった派生的な意味との相互浸透によって多面的に構成されている言葉である。このように、ある一面だけを見れば、AdresseもAufschriftもAnschriftも、「封筒に書かれているもの」という同一の意味を備えているが、別の面も含めて全体を見渡せば、それぞれから広がりうる〈言葉の場〉は異なっている。だからこそ、これらの言葉は互いに完全に置き換えることができないのである。

しかし、言語浄化主義者はこの点に目を背け（あるいは気づかず）、「母語の浄化」を強行しようとする。クラウスによればその理由は、言語浄化主義者が言葉というものを、会話において各々の思考内容を伝達する道具としか考えていないからだという。この考え方に従うならば、個々の言葉は各人の意思などを運ぶ乗り物のようなものであり、言語とはそうした「交通機関」に過ぎないことになる。我々は、交通規則を変更したり、古い車両を新しいものに買い換えたりするように、その「交通機関」を好きにいじくることができるのだ、というわけである。つまり、言語浄化主義者は「ひとつの交通機関として言語を体験することより決して越え出ていこうとしない」(S: 15/13) のであり、そして、むしろそのことによって、「交通機関そのものを困難に陥れている」(ibid.)、そうクラウスは批判する。たとえ言語が交通機関として機能する面があるとしても、それは、無数の言葉が互いに結びつきながら、長い時間にわたって我々の生活のなかに息づいてきたからにほかならない。「すでにありとあらゆる仕事や関係に奉仕してきた言葉たちは、相互浸透を生み出すという仕方で置かれている」(S: 286/577) のである。にもかかわらず、深く馴染んだ言葉を突如として別の言葉に換えてしまえば、それが外来語から母国語への切り替えであろうとなかろうと、そうした結びつきは断ち切られてしまう。恣意的にあてがわれたよそよそしい言葉は、我々には自然に使いこなすことができず、意思伝達の道具(乗り物、媒体)として極めて貧弱なものとならざるをえないのである。

この点を、「サービス」という、日本語のなかに馴染んでいる外来語を例に簡単に確認しておこう。たとえば、「『サービス』という言葉は英語由来の言葉であるから、今後は使用を中止し、代わりに『接待』や『応接』、『給仕』等の言葉を用いるようにせよ」と言われたとしよう。しかし、我々にはそうした切り替えはすぐには困難であるし、無理に切り替えてもかなりぎこちない仕方でしかこれらの言葉を使えないだろう。そして、「サービスの質」を「接待の質」や「給仕の質」等に言い換えた場合などを想像すれば明らかなように、何よりそこでは、「サービス」という言葉がもっていた奥行きないし多面性が失われ、伝達される内容は非常に貧しいものとなってしまうのである。

ところで、言語をそのように単なる交通機関としか考えないことで言えば、言語浄化主義だけではなく、エスペラントなどの人工言語を国際共通語として普及させようとする立場——いわば「言語融合主義」と呼びうる立場——も同じだとクラウスは考えている（S: 11/7; etc.）。言語浄化主義者も言語融合主義者も、交通規則を定めるように、言語のあり方を意のままに設計したり改変したりすることが可能だと見なしている。しかし実際には、そうした恣意的な設計や改変によってしばしば、むしろ交通機関そのものに混乱や不通が生じ、言葉が湛える豊かな内容が失われてしまうことになる。それゆえクラウスは、こうした立場に対して次のような辛辣な批判を向けるのである。

> いつも自分は生まれたばかりだと思い、のべつ幕なしに自分たちの日常言語について審議会で決議するような文化はこの地上にほかに例があるだろうか。どう話し、どんな語彙は避けるべきかなどという諸々の規則書を公布する文化、……交通規則を定めたのと同じように言語の規則まで決議するような、そうした文化が、いったいほかにあるだろうか。（S: 10/6）

日本でも、戦前に「敵性語」ないし「敵国語」の排斥運動が巻き起こったこと、また、良きにつけ悪しきにつけ、国語審議会や後継の文化審議会国語分科会などの公的機関が日本語の規則について直接的・間接的な影響を及ぼしてきたこと、さらにまた、最近では言葉の意味を閣議決定するケースすら出てきたこと[31]などを鑑みれば、クラウスが右の引用で言う「そうした文化」は少なくともドイツ語圏以外にも存在する、と回答できるだろう。

ともあれ、ここでさしあたり重要なのは、クラウスが「そうした文化」に対して非常に批判的だということである。逆に言えば、彼にとっては言語は単なる交通機関ではなく、別の側面があり、それこそが肝心であるということになる。では、その側面とはどういうものなのだろうか。

1—4　形成と伝達——言葉の二つの側面

クラウスによれば、個々の言葉には、思考内容などを伝達するという働きと、もうひとつ、それ自体がかたちを成すという働きがある。そして、このことに見合って、言語をめぐる探究は「かたちを成すもの《ゲシュタルトゥング》としての言語に言葉の価値を置こうとする試みと、伝達するもの《ミットタイルング》としての言語に言葉の価値を置こうとする試み」(S: 371/712) とに大別されるという。つまり、言語浄化主義者や言語融合主義者たちは、伝達のための道具（乗り物、媒体）としての言葉に価値を置き過ぎて、それ自体がかたちを成すもの《ゲシュタルト》としての言葉の側面を顧みなかった、ということである。

言葉がかたちを成す、ということでクラウスが何を指しているかは、すでに確認した通り、〈言葉の立体的理解〉というものを彼が最重視している点から明確にできるだろう。すなわち、言葉が多面性をもつものとして立ち上がってくる——奥行きあるものとして把握される——というのが、言葉がかたちを成すという契機の内実だと思われる。たとえば、「サービス」というごくありふれた言葉がにわかに際立つとき、我々はまさにこの言葉に目をとめ、注目し、この言葉がもつ様々な側面へと連想を広げている。たとえば「サービスとは何か」と訊かれて我々がこの言葉に注目するとき、「接待」や「応接」、「給仕」、さらには、「もてなし」、「歓待」、「試供」、「提供」等々の言葉と関連づけることで、「サービス」という言葉がこうした様々な意味――つまり、様々な側面――をもつことに改めて目を開くことができる。あるいは、言葉ではなく、以前行ったホテルで受けた丁寧な扱いを思い出したり、そのホテルや従業員の姿を思い浮かべたりすることもあるだろう。いずれにせよ、我々は、この言葉から延びる様々な意味やイメージ等の連関を辿り、様々な側面を捉えることで、この言葉がまさに立体的にかたちを成す瞬間を捉えることができるのである。

先に本章１―３で確認した論点も踏まえれば、〈かたちを成す〉ことと〈伝達する〉こととを対比させるクラウスの言語論は次のようにまとめることができるだろう。伝達することとしての言語に言葉の価値を置こうとする試みが単に、表面的な意思の疎通が言語の機能のすべてであると主張するものであるとすれば、それは、言葉がかたちを成すというダイナミズムや、そこで言葉が奥行きや多面性をもって立ち現れるあり方――これをクラウスはしばしば〈言葉のかたち《ヴォルトゲシュタルト》〉と表現している（S: 284-289/574-582; 434/544; etc.）――を無視している。そして、恣意的な言葉の置き換えや改変などを行うことによって、実際に個々の〈言葉のかたち〉を押し潰して平板なものにしてしまい、ひいては言語全体を貧しいものにしてしまうのだ、と。

逆に言えば、クラウスの言語論は、〈個々の言葉のもつ奥行きや多面性に触発され、その言葉のかたちを把握する〉という実践を重視する姿勢によって貫かれている。そのことは、先にも紹介した「言語は思想の母であって召使いではない」という彼のアフォリズムにもまさにあらわれている。言語は思考内容を運ぶ召使いに過ぎないわけではない。かといって、硬直した規則ないし慣習といったものに尽きるのでもなく、本章1―2で見たように、創造的な誤りさえ許容する融通無碍な可塑性を備えている。場合によっては数千年にわたる推移のなかで、無数の言葉が複雑に絡み合い、また、新たに別の歴史をたどった外国語とも相互にかかわりながら、言語は、個々人には把握も統御もし切れない巨大かつ繊細な有機体を構成しつつ、深化と拡大を続けている。前章でも確認したように（142頁）、言語は生ける巨大な文化遺産としても捉えられるのである。それゆえ、クラウスは言語というものを、「煙でつくられたものたちがそこから立ち現れてくる、シンボルを孕んだあの箱、すなわち、パンドラの箱」（S: 373/714）に喩えてもいる。

　言語の豊饒な可能性に対する彼のこうした厚い信頼は、言語浄化主義や言語融合主義だけではなく、世紀末ウィーンを席巻した「言語不信」の立場に対する反対も含むことは言うまでもない。むしろ、「チャンドス卿の手紙」の主人公が物言わぬ馬鍬や犬、墓地、燃える薪などに見出した瞬間（44頁）、すなわち、「目立たないかたちをして、誰の注意を惹くこともなく横たえられ、あるいは立てかけられている」もの、「普段は当たり前のものとして目を止めることなく通り過ぎている」ものが、にわかに「一段と高く溢れんばかりの生命で満たしながら立ち現れてくる」瞬間を、言葉そのものにも見出しているところに、クラウスの言語論の最大の特徴があると言えるだろう。

　クラウスは、たとえばいくつかの箇所で、演劇における台詞を取り上げつつ、言葉がそのようにかたちを成す瞬間に言及している。それは、ある言葉が視覚的な情景や時代背景、人物像などを鮮烈な仕方で呼び起こす瞬間である。たとえばシェークスピアの『ヘンリー六世』の劇中、マーガレットの息子を刺し殺して血にまみれたグロースターが、今度はヘンリーを殺しにロンドン塔に向かおうとする場面。グロースターは弟のクラレンスに行き先を訊かれ、ただ急ぎの用でロンドンに行くだけだと真意を隠し、そのうちに新たな知らせを届けると言う。「何？　何だって？」と問うクラレンスに向かってグロースターは、次のように叫び、そのまま退場する。

塔！　塔だ！（S: 284/575）

「塔」という言葉自体はありふれたものであり、普段は表立たない場合が多いだろう。しかし、この劇中のこの場面で発せられるこの言葉は、観客に実に豊かなイメージを湧き起こさせるとクラウスは言う。たとえば、どんな大がかりな舞台装置にもまして、禍々《まがまが》しくそびえ立つ巨大な塔の姿が連想されるかもしれない。また、この象徴的な言葉によって、劇中の状況やグロースターの人物像がまざまざと思い浮かんだり、あるいは、彼がこれから引き起こすであろう恐ろしい出来事が予感されたりすることもあるだろう。すなわち「そこに置かれた言葉のなかにその全背景を伴ってひとつの状況が存在し、この状況を支配する劇中人物が、彼に発するあらゆる展開と劇的進行に及ぶ戦慄を伴って存在する、その有り様の最も強烈な例」（S: 284/574）がここにあるとクラウスは指摘するのである。

あるいは、ネストロイ作の戯曲における次のような場面。召使いを従えた夫人が歩いていると、木

樵りが呼び止め、「奥様、もしや薪をお求めですか?」と尋ねる。このとき夫人は、

あれにいい「お断り」っていいおいいいい言いいい!(S: 288/580)

という指図を召使いに下すだけで、姿を現したときと同じように堂々とした威厳をもって再び視野から姿を消す。観客はこのわずかな言葉をきっかけに、彼女がどのような人物であるか——あるいは、どのような時代の色彩を帯びたどのような人物であるか——について生き生きと連想を広げることができるし、彼女の日々の立ち居振る舞いを様々にイメージすることができるだろう。「そこではひとつの文が舞台を渡っていき、ひとりの人物と共にひとつの環境、ひとつの時代が同時に存在しているのである」(ibid.)。

ところで、こうしたクラウスの議論は、前章3—3(116-118頁)で跡づけたウィトゲンシュタインの議論とは逆の立場を示しているかに見えるかもしれない。すでに見た通り、ウィトゲンシュタインも演劇のなかで発せられる言葉が深い印象を与える場面をめぐって論じているが、その力点は、〈言葉にはそれだけで、どんな文脈にも左右されない固有の表情が込められている〉という考えを批判することに置かれている。同じトーンで発せられた同じ言葉でも、文脈次第で異なる表情や響きをもって立ち現れてくるとウィトゲンシュタインは指摘するのである。

では、クラウスが演劇の台詞を取り上げ、〈言葉のなかに人物や環境や時代が存在する〉などと語るとき、それは、ウィトゲンシュタインが批判するような、言葉の表情や響き、あるいは魂といった

ものをある種の実体として捉えようとする議論に陥ってしまっているのだろうか。否、そうではない。クラウスもまた、言葉が置かれる文脈や、他の言葉たちの結びつきというものを極めて重視している。彼自身の叙述を引いておこう。

> 言葉はそれ自身の固有の問題性の彼方に、なおも別の言葉との多様にして変幻極まりない関係を結ぶものであるから、言葉のかたち《ヴォルトゲシュタルト》の絶対性なるものは存在しない。まさにそのことが、どんなに単純な発話でも完全な明瞭さを得るためにはその文脈にあくまでも依存するという、言葉の危険な魔力をつくり出すのだ。（S: 434/544-545）

〈言葉のかたち〉の絶対性なるものは存在しない。すなわち、言葉はどの文脈も横断して超然と一定のかたちを——つまり、一定の多面体的なあり方を——保っているわけではない。言葉は多様な文脈に置かれ、多様な言葉と多様な関係を結ぶ。そして、それに見合って、様々に異なるかたちを成しうるのである。

クラウスが演劇の台詞に関して述べているのは、それ自体がひとつの舞台装置だということである。書き割りや衣裳、小道具などと並んで、言葉は演劇の舞台上で、そのつどの場面に応じて配置されるものである。全く目立たないこともあるが、ときに言葉自体が際立ち、他の舞台装置や役者の演技と同様の——あるいは、場合によってはそれ以上の——決定的な役割を果たすこともある。たとえば、その言葉が発せられるに至る背景を鮮やかに照らし出すこともあれば、その言葉が発せられた後の展開を効果的に示唆することもあるだろう。言葉は文脈を構成する一部であるが、それは必ずしも、ひとつの文脈のなかに完全に埋没し、かき消えてしまうということを意味しない。言葉はしばしば、様々な連想や想像を喚起するその豊かな力によって、物語が展開して新たな文脈が開かれるきっかけともなりうるのである。

こうした言葉の側面については、実は、「言語不信」を表明したと言われるホーフマンスタールの当の「チャンドス卿の手紙」においても見事に表現されている箇所がある。それは、チャンドスがかの古代ローマの英雄クラッススが発した言葉を紹介する場面である。

このローマの政治家は、庭の池のよく慣れたウツボ、物言わぬ赤い目の一匹の魚を度を超して可愛がっていたために、人々の語り草になったと言われています。そしてあるとき、この魚が死んで涙を流したと、元老院で執政官ドミティウスの批判を受けてうすらばか呼ばわりされたとき、クラッススはこう答えたのです。
「すなわち、第一夫人、第二夫人いずれの死にあっても貴殿のなさざりしことを、余は魚の死に際してなしたのである」。(Hofmannsthal [1902] 1979: 471/118-119)

チャンドスはここで、物言わぬ魚を見つめて涙を流すこの人物とは何かについて、また、高尚な事柄を審議し世界を支配する元老院において満場の注目を浴びたこの人物について考えよ、という名状し難い何かが自分を襲うが、「その考え方たるや、言葉で言い表そうとすると、全く馬鹿げたものに思える代物です」(ibid.) と結ぶ。しかし、その強い印象は、ここではまさにクラッススの発した言葉抜きには得られないものである。すなわち、この言葉においてひとつの時代背景を背負ったひとりの魅力的な人物が立ち上がってくるのを、我々は体験する。ここからさらに何を言い表す必要があるだろうか。あるとすればそれは、ジョークの可笑しさや詩の美しさを解説してしまうことのようなものだろう。(そしてもちろんそれは、ジョークの可笑しさや詩の美しさを殺してしまうことでもある。)

ドミティウスの批判に対してクラッススが絶妙の切り返しをしたエピソードは、彼がいかにユーモアがあり、機知に富んだ人物であるかを物語る。また、彼がウツボを度を超して可愛がり、その死に涙したというエピソードからは、快活で洗練された人物像とは異なる純朴さや優しさ、繊細さ、情念の深さ、あるいは異常さといったものを読み取ることができる。つまり、両方のエピソードが合わさることで、一筋縄ではいかないクラッススの複雑な人物像が結ばれると言えるだろう。そして、このことは、当の二つのエピソードを並べてみせたチャンドスにもよく見えていたはずである。しかし、彼は、元老院でのエピソードの方は結局「単なる笑い話」(ibid.) として片づけ、ウツボに接するクラッススの姿に全注意を傾けようとする。そして、物言わぬ馬鍬や犬にふと心打たれる自分と、物言わぬ魚の死に涙を流すクラッススとを重ね合わせようとする。言葉が積極的な仕方で主題化されている場面は、「チャンドス卿の手紙」ではこうして素通りされ、顧みられることがない。

論点を繰り返すなら、クラッススが特異な人物として際立ってくるためには、彼の発した当の言葉が欠かせないということである。しかし、チャンドスは――そして、ひいては作者のホーフマンスタールも——言葉がそうやって言葉として際立ってくる場面をここでは見ようとしない。それに対して、クラウスが着目し、自身の言語論の中心に置くのは、まさにそうした場面、すなわち、言葉がそれ自体としてかたちを成す場面なのである。

このようにクラウスは、「これまで発話に奉仕していたに過ぎないごく目立たない言葉が高まって、言葉のかたち《ヴォルトゲシュタルト》となる可能性」(S: 287/578)に焦点を合わせた言語論を展開している。言葉は、演劇であれ、仕事であれ、雑談であれ、我々の生活の様々な局面の一部として働き、ときにそれ自体が生活のなかで主題化・対象化する。言葉は普段は生活のなかによく馴染み、その意味で目立たずに周囲に融け込んでいることも多いが、にわかに際立ち、そこから様々な連想や想像を喚起するなどの役割を発揮しうる。しかも、重要なのは、そうやって際立つ言葉は、それが置かれている文脈から浮いている(悪目立ちしている)わけではない、ということである。いまのクラッススの言葉、あるいは先述の劇中の「塔！　塔だ！」や「あれに『お断り』ってお言い！」といった言葉は、まさにその場面にしっくりくる言葉、その文脈にふさわしいぴったりの言葉として目立ってくるのである。

もっとも、第1章2―4で見た通り、ホーフマンスタールもまた言葉が際立つ場面について語ってはいる。しかし、彼は言語というものを、〈日常の生活において様々な内容の伝達に用いられる言語〉と〈詩の言語〉に峻別し、言葉がそれとして生命を得る可能性を後者にのみ認めている。そして彼は、詩がそれとして十全に成り立つのは一生に一度あるかどうかのことだと続けている(本書59頁)。

つまり、ホーフマンスタールは、言葉が息づくのは詩における奇跡的な達成だと考えるわけだが、クラウスにとって、それは日常の生活においても確かにしばしば起こっていることにほかならない。

クラウスは、言葉には伝達と形成という二つの側面があると強調するが、それは、日常言語と詩の言語との二元論を展開しているわけではない。日常の生活のなかで発せられるありふれた言葉であってもときにかたちを成すということ、それがクラウスの基本的な主張である。そして、この点を顧みず、思考内容の伝達とか、あるいは現実の有り様の記述といった、他の何かの代理・媒体として働く側面のみに言葉の価値を置くならば、たとえば恣意的な文法規則の変更や言葉の置き換えといった「浄化」「融合」などによって、言葉がかたちを成しうる可能性を潰して平板なものにし、そもそも代理・媒体としての役割すら果たせないものに変容させてしまいかねない、そうクラウスは指摘するのである。

1—5　言葉の創造的必然性

言葉について、思考内容の伝達の道具としての側面、あるいはより広く、他の何かの代理・媒体一般としての側面のみを重視するということは、思考の展開や現実の見え方などに常に立ち後れるものとして言葉を捉えるということでもある。人はまずものを考え、あるいは現実の有り様を捉え、その後にそれを言葉にして、誰かに伝えたり記録に残したりする、というわけである。この描像の下では、言葉はそれに先んじるもののコピーであり、しかも、言葉はコピー元と同じものではありえないから、多かれ少なかれ劣化した不完全なコピーであることになる。

これに対して、形成としての言葉の側面を重視するクラウスにとって、よく見知ったありふれた言葉が高まってかたちを成すときとは、その後の思考の展開を促したり、あるいは新たなものの見方を導いたりする起点として特徴づけられる。たとえば、ウッボの死に涙したとしてドミティウスがクラッススをうすらばか呼ばわりしていたときと、クラッススが切り返しの言葉を発した後とでは、彼らや元老院の場に対する見方はまさに一変し、それらは新たなアスペクトで立ち現れてくるだろう。

言葉がそうした役割を果たす典型的な場面としてクラウスがしばしば言及しているのは、駄洒落や語呂合わせ、詩における押韻など、言葉が韻を踏む場面である。彼はたとえば次のような詩句を取り上げている（S: 287/578-579）。

Weibsein beruht in Wonne und Weh.（女であることは歓喜と苦痛にあり）
Mann zu sein rettet er seine Reste.（男であるために彼は己れの残余を救う）

この詩句のなかでは、「Weibsein《ヴァイプザイン》（女であること）」と「Mann zu sein《マン ツー ザイン》（男であるために）」という二つの言葉が韻を踏んでいる。韻を踏むというのが、それぞれの言葉がこれまで担ってきた意味や文脈といったものとは無関係に引き起こされる契機だとするなら、この「Weibsein」と「Mann zu sein」も、まさに意味なく偶然結びつけられたと言える。しかし、これらがいったん結合すると、そこから様々なものの見方や印象などを喚起する効果が生まれうる。たとえばクラウス自身が挙げるのは、女であることの持続性や完結性と、それと対比される、男であることの不完全さ、未完結性、目的志向性、そして、男女の不可避的なすれ違いや悲劇的な不一致などである（ibid.）。この種の男女の対比が本当に適切なものかという問題は措いておこう。ここでおさえるべきことは、そのように二つの言葉が相互浸透し、そこに様々な意味を見て取れたならば、両者はもはや全く無関係なものには見えなくなってくる、という点である。

クラウスは、いま確認したような押韻の効果を、詩だけではなく散文のなかでも広く活用することで、ひねりの利いた批評を度々展開している。たとえば、「言語を浄化する者《ライニガー》」は「言語を虐待する者《パイニガー》」であると述べたり（S: 16/13）、あるいは、『新自由新聞』が読者に空虚な質問を投げかけている文章に対して、「同紙は明らかに問いかけるつもり《フラーゲ・シュテレン》はなく、罠をかけるつもり《ファレ・シュテレン》だ」（S: 236/399）と揶揄するといった具合である。「Reiniger《ライニガー》」と「Peiniger《パイニガー》」はそれ自体としては結びつくことの少ない無関係な言葉だと言えるし、それは「Frage《フラーゲ》」と「Falle《ファレ》」に関しても同様である。しかし、押韻によってにわかに結びつくことによって、一方は言語浄化主義の問題に対する絶妙な総括となり、また他方は、マス・メディアの欺瞞的な文章に対する鋭利な批判となっている。そして、押韻がそのように一定の効果をもたらす成功を収めたならば、韻を踏む二つの言葉は当該の文脈のなかで互いに結びつくのにふさわしい言葉として、また、当該の文脈にふさわしい言葉として映るようになるのである。

押韻をめぐる論点を、もう一度確認しよう。韻を踏むというのは、ある意味では偶然的な結合であり、個々の言葉の意味や文脈によってあらかじめ決定されているわけではない。しかし、ある言葉と言葉が実際に韻を踏み、それが豊かな意味の広がりをもたらす創造的な効果を発揮したならば、両者は韻を踏むのにはじめからふさわしかったものとして——必然的な結合であったものとして——立ち上がってくる。すなわち、「韻を踏めるものは、ただ韻の合うもの同士だけなのだ。つまりそれは、内部から韻を踏むのにふさわしいものなのだ」(S: 358/692) という風に捉えられる必然性である。

こうした、外的な偶然性と内的な必然性という相反する性質が相即する言葉の特徴を、クラウスは「規則性を超えた創造的必然性 (schöpferische Notwendigkeit über der Regelhaftigkeit)」(S: 371/712) と呼んでいる。それは、言葉が他の言葉と自由に戯れ、結合し、アスペクトの変化をもたらす起点としての効果を発揮しながらも、その創造性が、当該の言葉が (欠けていたピースが埋まるように) ある場所にぴったり合うということ——そこにはこの言葉でなければならないという必然性——と合致することにほかならない。この創造的必然性が発現したとき、言葉は我々に新鮮かつ自然な印象を与えることができるのである。

そして、その「ぴったり合う」とか「しっくりくる」という感覚は、言葉以前の何か (「思考」や「意思」といったもの) を相手に伝達するのにその言葉がぴったり合う、ということではない。この点が肝心である。先に確認した通り、クラウスによれば言葉とは、言葉以前の何かの伝達手段に過ぎないものではない。むしろ、伝達としての側面しか顧みられないのであれば、「表面的な意思の疎通というものは、言語が克服しなければならない障害である」(S: 286-287/578)。だとすれば、まさに詩作のように、言葉が他の何かのための手段ではなく、言葉が際立ち、かたちを成すということが行為の目的そのものである領域においては、「ぴったり合う」という感覚も特に純粋に体験することができると言えるだろう。

ただし、これも先に見たように、クラウスは日常言語と詩の言語を峻別しているわけではないし、まして、押韻などの技巧が施された詩的な言葉こそが真の価値ある言葉だ、と主張しているわけでもない。確かに、言葉の創造的必然性は韻を踏むといった場面において如実に露わになると言えるが、そうした場面に限定される特徴では全くない。むしろ、クラウスの考えではこの特徴は、我々が言葉を用いるあらゆる場面で発現しうるものなのである。

その一例として彼は、時事問題について語られる手短な批評《グロッセ》について取り上げている（ibid.）。卓抜な批評の言葉に触れたとき、人はときに思わず膝を打ち、これぞ自分が言いたかったことだと感じる。もちろん、その言葉は、当該の批評がなされたときに初めて生まれ、人々の耳や目に初めて入った言葉である。だからこそ人は虚を突かれて驚き、感心するわけだが、にもかかわらず、同時に、その言葉はしっくりくるものとして受けとめられる。自分が以前から思っていたことをうまく表現してくれた、そう人に感じさせるのである。

同様のことは、秀逸な詩を読んだときの体験にもしばしば当てはまるだろう。ある詩句が胸を打つとき、人は自分の感覚や感情を確認しているような気分になったり、ある印象や風景を表現するのにぴったりの言葉が与えられたと感じたりするだろう。

そして、こうした感覚は単純に錯覚と言って片づけられることではない。というのも、人は当該の言葉が生まれる以前には何も思ったり感じたりしていなかった、ということになるわけではないからである。むしろ、後から振り返れば、当該の言葉によって表現されるものに類することを以前から思ったり感じたりしていた、と捉えるのは自然だとも言える。クラウスが言葉の力として着目するのはまさにこの点、すなわち、ある言葉が生まれることによって、それが生まれる以前のものの見方や感じ方、考え方などが明らかになる、というある種パラドクシカルな構造である。繰り返すなら、その言葉で表現されなければならなかったものとして、その言葉の創造において初めて「自分が以前から思っていたこと（感じていたこと、見ていたこと等）」が遡及的に浮き彫りになるというところに、言語の創造的必然性と言われる所以があるのだ。

　言葉がぴったり合う、しっくりくる、という感覚をめぐっては、前章（3—2～3—3）でも、ウィトゲンシュタインの言語論を追うなかで扱った。そこでウィトゲンシュタインは、〈しっくりくる言葉を選び取る〉という実践について、それは言葉以前の神秘的な何かと個々の言葉とを突き合わせて、「これは合わない」「合う」と判断を下す営みではない、と指摘していた。さらに、彼が強調していたのは、最終的にしっくりくる言葉が見出されるまで導きとなるのはしばしば、しっくりこないという感覚以外の何ものでもない、ということである。前章で引用した一節を繰り返すなら、「これらの言葉がなぜしっくりこないのか、常に判断したり説明したりする必要はない。それは単にまだしっくりこないという以外の何ものでもない」（本書119頁）。そして、にもかかわらず、しっくりくる言葉がいったん出てきたならば、喉まで出かかりながらもなかなか出てこなかった言葉とはまさにこの言葉なのだと人は受けとめるのである。

　しっくりこないという感覚を頼りに言葉を探しているときとは、クラウスの言い方を借りれば、言葉がかたちを成す契機それ自体を目的として追い求めているときである。それは紛れもなく、形成《ゲシュタルトゥング》としての言葉の側面に価値を置いた営みだと言える。そして、しっくりくる言葉が実際に見出されると――すなわち、ある言葉がかたちを成すと――、今度はその言葉は思考内容等々の伝達や記述といった目的のための手段として機能するようになる。言葉の創造的必然性というものをめぐるクラウスの議論は、こうした推移に対する洞察として捉えることもできるだろう。

とはいえ、ここまで確認してきた通り、形成と伝達という言葉の二つの側面に関してクラウス自身は、形成の側面に遙かに議論の力点を置いている。それは、伝達の側面のみを見ることの弊害を指摘する点でもそうであるし、また、言語を思想の母として位置づけ、言語に仕えることを人々に勧める点でもそうである。「……まるで、言葉以前や言葉の外部で考えることは不可能であるかのように、一切は言葉において初めて体験される」(S: 286/577)、そう彼は強調するのである。言語に仕えるということでクラウスが意味しているのは、先の本章1―3の論点を繰り返すなら、単に言葉の慣習的な使い方や文法規則に従うということではない。そうではなく、たとえば言葉を選び取る場面で言えば、しっくりこないという感覚に忠実であり続けようとする姿勢として特徴づけられるだろう。ある言葉がしっくりくる言葉として際立ってくるというのは、言葉を選び取る当人の意志によるものではない。ぴったりの言葉を探そうとすること自体はもちろん当人の意志の産物だが、結果として出てくる言葉は、言うなれば「向こう」からやってくる。だからこそ、しっくりくる言葉の到来には、幾ばくかの驚きが伴われるのである。

ウィトゲンシュタインも、同様のポイントを強調している。彼によれば、「君が不意に思いつく言葉は、何らかの特別な仕方で『訪れる』もの」(LW1: 850)である。それゆえ、「(いつか)言葉を思いつくまで、とにかくそれを待たねばならない」(ibid.)。その点では、言葉は意のままにならない、気まぐれなものであり、人の意志に従わない自律的なものである。人は言葉を探して努力するが、ぴったりの言葉は不意に訪れる。しっくりこない言葉で妥協せずに、その「訪れ」のときを待つこと、それが、言語に仕えるということでクラウスが意味しているものだと言えるだろう。

　こうした、意のままにならない気まぐれなもの、自律的なものとしての言葉のイメージは、本書の第1章前半で取り上げた「文字禍」における文字の一側面とも、ある意味で重なり合う。「文字禍」のなかで老博士は、「君やわしらが、文字を使って書きものをしとるなどと思ったら大間違い。わしらこそ彼等文字の精霊にこき使われる下僕じゃ」（本書23頁）と語る。そこでは、魂ある自律的な存在としての文字は、人の行為や知覚の邪魔をし、ついには死をもたらすような、制御できない異物として主題化されている。あるいは、この国で言い伝えられている「つくもがみ（九十九神、付喪神）」の話も、自律的なものとしての言葉のイメージとある程度共通する部分をもつと言えるかもしれない。長い間使われた道具には、精霊や霊魂の類いが宿り、「つくもがみ」となる。よく馴染んだ道具だったはずのものは、そうやって生命を得ると、人の手を離れて勝手に動き出し、むしろ人を惑わすようになる。――この伝承においては、馴染みの道具に魂が宿るときとは、道具としてそもそも役に立たなくなるときでもある。

　しかし、言葉が道具としての用を成さない局面にクラウスが言及し、「これまで発話に奉仕していたに過ぎないごく目立たない言葉が高まって、言葉のかたち《ヴォルトゲシュタルト》となる可能性」（本書186頁）に触れる際には、その局面はどこまでも肯定的に捉えられている。確かに、彼は自然言語を「パンドラの箱」（180頁）に喩え、「言葉の危険な魔力」（183頁）とも述べているが、にもかかわらず、言語への信頼が揺らぐことはない。それは、自然言語の語彙の深さのみならず、まさにその意のままにならなさ、「すべて私の意志によるものだ」という風に済ますことができない自律性こそ、言葉をめぐる創造性の源泉であり、同時に、この言葉でなければならなかったという必然性の源泉でもあるからだ。

1—6　まとめ

本節では、同時代を覆う言語不信の思潮に抗し、言語に対する独特なかたちの信頼を基に展開される、カール・クラウスの言語論の要点を確認してきた。

クラウスによれば、言語とは、不可避的に我々の思考を制限して歪めるようなものではない。自分の考えが歪んでいるとすれば、それは言語ではなく自分のせいなのであり、自分が粗雑に言葉を用いているからだというのである。それゆえクラウスは、言語批判《クリティーク》——言語の複雑な中身を具体的に吟味し把握すること——を行い、それを通じて言葉を精密に用いるよう勧める。しかしそれは、人は言葉の慣習的な使い方や文法規則を正確に墨守すべきだ、ということではない。むしろ、本来の用法や一般的な用法からすれば誤用と見なしうるが、その逸脱ゆえに独特の意味合いを帯びる言葉や、その逸脱をもっともと感じさせたりするような言葉も存在する、そう強調するのである。

そのように、言葉の使用に関する繊細な感覚に注目し、その創造性や柔軟性こそを重視するクラウスにとって、言語浄化主義者や言語融合主義者、すなわち、言語の「正しい語彙」や「正しい文法」

なるものを意のままに設計したり改変したりすることが可能だと見なす人々は、最も批判されるべき対象となる。クラウスによれば、彼らは言葉を意思伝達の道具としか考えていない。しかし、語彙や文法を恣意的に設計・改変することによって、彼らはむしろ言葉が湛える豊かな内容を奪い、意思伝達の道具として極めて貧弱なものにしてしまっているというのである。

また、クラウスによれば、言葉にはそもそも意思伝達の道具としての働きだけがあるのではない。もうひとつ、かたち《ゲシュタルト》を成すという働きがあり、この働きこそが重要だとクラウスは繰り返し強調している。彼の言語論は、〈個々の言葉のもつ奥行きや多面性に触発され、その言葉のかたち《ヴォルトゲシュタルト》を把握する〉という実践を重視する姿勢によって貫かれている。彼によれば言語は、その長大な歴史のなかで、無数の言葉が複雑に絡み合い、また、新たに別の歴史をたどった外国語とも相互にかかわりながら、個々人には把握も統御もし切れない巨大かつ繊細な有機体を構成しつつ、深化と拡大を続けているという。

こうした彼の姿勢、すなわち、生ける巨大な文化遺産としての言語の側面を重視し、その豊饒な可能性に対して厚い信頼を向ける姿勢は、言語浄化主義や言語融合主義だけではなく、世紀末ウィーンを席巻した「言語不信」の立場に対する批判も含んでいる。むしろ、「チャンドス卿の手紙」の主人公が言葉以外のものに見出した瞬間、すなわち、普段は当たり前のものとして目を止めることなく通り過ぎているものが生命を得る瞬間を、言葉そのものにも——しかも、詩の言葉だけではなく、日常の生活のなかの言葉にも——見出しているところに、クラウスの言語論の最大の特徴があると言えるだろう。言葉は普段は生活のなかによく馴染み、その意味で目立たずに周囲に融け込んでいることも多いが、にわかに際立ち、そこから様々な連想や想像を喚起するなどの役割を発揮しうる。しかも重要なのは、そうやって際立つ言葉は、それが置かれている文脈から浮いている（悪目立ちしている）わけではない、ということである。むしろ、そうした言葉は、まさにその場面にしっくりくる言葉、その文脈にふさわしいぴったりの言葉として目立ってくるのである。

そしてクラウスは、〈しっくりくる言葉〉が際立ってくるその契機に、言葉の「創造的必然性」と彼が呼ぶものを見出している。詩作にせよ、批評にせよ、あるいはその他の日常的な実践にせよ、我々はしっくりくる言葉を見出したとき、自分が以前から思っていたこと（感じていたこと、見ていたこと等）がまさに表現されていると感じる。当該の言葉はまさにそのとき生まれたのにもかかわらず、である。とはいえ、その感覚は一概に錯覚とも言えない。むしろ、後から振り返れば、当該の言葉によって表現されるものに類することを以前から思ったり感じたりしていたと捉えるのは自然だとも言える。そのように、当該の言葉で表現されなければならなかったものが、その言葉の創造において初めて浮き彫りになるというパラドクシカルな構造を、クラウスは「創造的必然性」と呼ぶのである。

また、言葉の創造的必然性というものに関して彼は、もうひとつ重要なポイントを示している。それは、言葉の意のままにならなさ、気まぐれさである。ある言葉がしっくりくる言葉として際立ってくるというのは、言葉を選び取る当人の意志によるものではない。ぴったりの言葉を探そうとすること自体はもちろん当人の意志の産物だが、結果として出てくる言葉は、言うなれば「向こう」から訪れる。だからこそ、しっくりくる言葉の到来には、幾ばくかの驚きが伴われるのである。そして、言葉のそうした自律性こそ、言葉をめぐる創造性の源泉であり、同時に、この言葉でなければならなかったという必然性の源泉でもある、そうクラウスは考えるのである。

本書の締めくくりとなる次節では、以上のように取り出されたクラウスの言語論が、一個の倫理の提示へと結実していく消息を見ていくことにしたい。

第2節　言葉を選び取る責任

2―1　「最も重要でありながら、最も軽んじられている責任」

ここまで、クラウスの言語論を見てきた。彼は、伝達や記述等のための道具（乗り物、媒体）としての言葉の側面と、言葉それ自体がかたち成すものとして主題化される側面とを対比させつつ、後者の側面を浮き彫りにする議論を展開している。その要点を、ときにウィトゲンシュタインの議論と重ね合わせつつ跡づけてきた。

ある言葉がかたちを成し、〈しっくりくる〉とか〈ぴったり合う〉と感じる場面、不意にある言葉が際立ち、そこから延びる他の言葉やイメージ等への連関に目を開く場面とは、前章でも確認したように（3―3～3―4）、典型的には、言葉を選び取る場面のことだろう。日常の生活のなかで我々は、〈しっくりこない〉という違和感を頼りにしながら、言葉から言葉へ連想を広げ、言葉同士を比較していく。それはもちろん、選び取るという能動的な実践でありながら、なお、すぐれて受動的な出来事でもある。なぜなら、言葉を選び取るとは、正確には選ぶというよりも、むしろ言葉の方から迫ってくることであり、〈しっくりくる〉という瞬間が訪れるのを待つことにほかならないからである。

では、こうした体験ができるということには、具体的にはどのような重要性があるのだろうか。これは、前章の後半で積み残していた問いに直結している。すなわち、言葉の多義性を把握し、立体的な理解ができるということには、はたしてどのような重要性があるのか、という問いである。多義的な言葉をそれとして使いこなせなくともコミュニケーションは可能なのではないか。多くの言葉が多義的であるというのは、むしろ言語の習得や運用のコストを高めているのではないか。だからこそ、国際共通語となることを目指してつくられる人工言語は、多義性を排除する傾向があるのではないのか。

ウィトゲンシュタインはこの点について直接的には何も答えていないが、クラウスはまさに正面からこの問題に切り込んでいる。まず、彼は、言語浄化主義や言語融合主義への批判を通して、言葉の多義性が切り詰められることの弊害を指摘している。長い歴史をもち、多様な生活の文脈のなかで頻繁に用いられ、それゆえ自ずと多義性を備えている言葉を突如として別の言葉に換えてしまえば、恣意的にあてがわれたそのよそよそしい言葉は、かたちを成す可能性がないだけでなく、道具としての機能すら果たしにくくなるということである。この点はすでに確認した（本章1—3：176頁参照）。

しかし、この指摘に対して、言葉から多義性が失われても道具として完全に機能しなくなるわけではない、という反論があるかもしれない。言い換えれば、言葉を立体的に理解できるというのは言語的コミュニケーション一般を可能にする不可欠の条件ではない、ということである。多義性を切り詰めた場合には言葉の表現力は確かに痩せ細るだろうが、その代わり、習得も運用も容易になるだろう。そうなると、問題は、複雑で精密であることと、単純で利便性があること、そのどちらをとるかというトレード・オフの問題に過ぎないのではないか、そう言われるかもしれない。

クラウスならば、これは問題を矮小化し過ぎていると再反論するだろう。というのも、彼によれば、多義的なものとして言葉を理解し使いこなせなくなれば――とりわけ、類似した言葉のなかからひとつをしっくりくる言葉として選び取るという実践ができなくなれば――、表現の繊細さや豊かさを失うだけではなく、重要な倫理も失うからである。そして、だからこそ、〈かたち成すものとしての言葉〉という側面は、クラウスにとって生涯を通じて最も重要なものであり続けたのである。

では、それはどのような倫理なのだろうか。クラウスによれば、言葉を選び取るというのはそれ自体が人のとるべき一個の責任であるという（S: 371/713）。彼がそう特徴づけるのは、さしあたり、我々はしっくりくる言葉を探す努力を放棄できるという、単純な理由による。前章で確認したように（111頁以下）、我々は日々言葉を選び取るという実践を繰り返しているが、それと同じくらい、しばしば選び取らずに済ませているだろう。たとえ、この言葉ではしっくりこないという違和感があったとしても、妥協してその言葉でお茶を濁したり、あるいはそもそも違和感すら抱くことなく、曖昧で便利な言い回しを多用して済ませたりすることも多いだろう。

クラウスは、「言葉の実習（Sprachlehre）」と題する論考を『炬火』誌上で長らく発表し続けた。それは、個々の言葉の微妙なニュアンスの違いを比較や例示などを通して具体的に浮き彫りにしていくものであった。たとえば、先にも紹介した「daran vergessen」という表現の分析や、あるいは、nur noch（なおも～だけ）と nur mehr（もはや～だけ）の違い、zumuten（求める）と zutrauen（期待する）の違い等々である（S: 17-26/14-27; 221-232/372-393; etc.）。そうした〈言葉の実習〉が提供し、読者が得ることのできる成果とは何かについて、彼は、「言葉というものが、どんな仕方で機械的に使用されようとも、精神の生命によって包まれ保持された有機体であるということの予感」（S: 394/477）をもつことだと述べている。しかし、彼は同時に、〈言葉の実習〉はそうした成果が必ず得られることを保証するものではなく、いわばそこに至る門戸を開くだけだと強調している。「読者がいま述べたような成果を、その努力の報酬として得る者となるかならぬかは、自分で決めるほかない」（ibid.）というのである。

また、彼は、〈言葉の実習〉にそもそも関心をもたない人々が多いであろうことを認め、彼らにとって、その種の試みよりも「もっと生活にとって重要で、気晴らしに適した営みが存在するという気持ちは、私にも全くよく分かる」（S: 101-102/133）と述べている。実際、言葉それ自体に注意を傾け、その細かな意味合いなどを慎重に吟味することは、とかく面倒な営みであり、言葉を気楽に滑らかに使おうとする際には邪魔にもなるだろう。

しかし、それでも敢えてその面倒を引き受けるというのは、クラウスによれば、単なる趣味やこだわりの問題ではなく、責任の問題である。なるほど、類似した言葉同士の繊細な差異に分け入り、言葉を立体的に理解し、しっくりくる言葉を選び取るよう努力するという営みは、言語的コミュニケーション一般を可能にする不可欠の条件とは言えず、その意味では重要ではない。しかし、倫理という側面から捉えれば重要だということである。しかも、彼は、そのような「言葉を選び取る責任（Verantwortung der Wortwahl）」（S: 371/713）は、「行われるべきこととしては最も重要な責任でありながら、現に行われていることとしては最も安易な責任と化している」（ibid.）と糾弾するのである。なぜだろうか。

2―2　常套句に抗して――予言者クラウス

本章の1―1でもすでに簡単に触れたが（164頁）、クラウスがその生涯を通じて批判の矛先を向けた主要な対象は、当時の新聞ジャーナリズムであった。とりわけ、新聞の紙面に氾濫する紋切り型の常套句《フレーズ》ないし決まり文句《レーデンスアールト》と、それらによって構築されるステレオタイプな言説に対して、クラウスは『炬火』を舞台に激しい攻撃を仕掛けた。ただし、その照準は新聞記事だけではなく、それを読む者にも等しく向けられている。

彼は晩年、自身の論集『言葉（*Die Sprache*）』を準備していた。これは、彼が長年『炬火』に寄せた数多くの論考のなかから言葉をめぐるものを選り抜いてまとめたものであり、様々な〈言葉の実習〉の実践のほかに、新聞ジャーナリズムに対する様々な批判も収録している。[32] この論集の題辞のひとつに、彼はショーペンハウアーが記した次のような一節を掲げている。

……およそ活字を読む人間の九割以上は新聞のほかに何も読まない連中であり、その結果、彼らの正書法、文法、文体が新聞に従って形成されるのはほとんど避けられない。(Schopenhauer 1851: Kap. 12)

ショーペンハウアーやクラウスが新聞を主たる攻撃対象としたのは、当時は新聞が最大の情報媒体《メディア》だったからということに尽きる。仮に、テレビやラジオなどが当時すでに発達していたとするなら、彼らはそれらのマス・メディアにも強い批判を向けただろう。いずれにせよ、ショーペンハウアーと同様にクラウスが深刻な問題を見て取っていたのは、人々が「自分の文章」や「自分の意見」と思って語っている言葉が、多くの場合、実は他人が繰り返している常套句のさらなる反復に過ぎない、という点である。自分が用いようとしている言葉に思いを凝らし、吟味して選び取るというのは、人に課せられている最も重要な責任だが、現状は最も軽視されてしまっていると、クラウスは警鐘を鳴らし続けた。その彼の問題意識が凝縮した叙述を引用しておこう。一九二一年六月に『炬火』に掲載された論考の一節である。

他人が書いたものに目を開くとまではいかないにしても、せめて自分の言葉に耳を澄ますようにさせ、それと知らずに日々口にしている諸々の意味を追体験してもらうことができるなら、人間にとって益するところが大きいだろう。慣用表現の活性化、日常の交わりで使う決まり文句の鮮度を高めること、かつては意味をもっていたのに今では物言わなくなった言葉の身元確認、それらを人間に教えることは有益だろう。……根源に近づけば近づくほど、戦争から遠ざかるのだ。もしも人類が常套句をもたなければ、人類に武器は無用になるだろうに。誰しも自分の話す言葉に耳を傾け、自分の言葉について思いを凝らし始めなければならない。そうすれば、すべての失われたものが蘇るだろう。(S: 225/379-380)

こうした彼の訴えは、いかにも唐突であり、また滑稽なほど大袈裟なものに映る。しかし、木下康光が指摘するように（木下 一九九三）、当時彼が置かれていた状況、彼が見つつあった事態を鑑みるなら、むしろこれが不気味なほど正確な予言であったことが分かる。すなわち、彼がこれを書いた翌月の一九二一年七月にナチス内部のアドルフ・ヒトラー独裁体制が確立し、そのおよそ十年後には国会議員選挙で全体の四割近くの支持を受けて、ドイツに合法的にナチス国家が誕生したのである。ナチスこそ、「宣伝省」という歴史上でも類例を見ない機関を有し、マス・メディアを駆使し、常套句を駆使したプロパガンダや演説によって人々を誘導して、世界を戦争と悲惨に巻き込んだのであり、クラウスが予見していた事態の最悪なかたちがそれであったと言えるだろう。

ヒトラー本人が『わが闘争』のなかで説明しているように、ナチスのプロパガンダの言葉は、彼の考える闘争に勝利するという「目的のための手段」（Hitler 1939: Kap. 6）以外の何ものでもない。できるだけ多くの大衆の（知性ではなく）感情に訴えかける強い言葉によって、彼らの心に入り込み、「民族の自由と独立」（ibid.）や「国民の名誉」（ibid.）を守る闘争に動員することが肝心だという。それは具体的には、国籍、人種、民族、性別、政治信条等に関して、レッテル貼りを繰り返して人々のステレオタイプを強化しつつ、敵味方の対立の構図を単純化することであり、そうして「極悪な敵に対する怒りと憎悪の念を高める」（ibid.）ことである。たとえば、「ユダヤ人」という言葉に括られる人々の現実の有り様や個別性、多様性といったものに連想を広げることなく、十把一絡げに「劣等人種」や「害虫」といった言葉に置き換え、殲滅《せんめつ》すべき対象として扱うことは、そうした構図の単純化や思考停止の典型である。ヒトラーによれば、この目的を達するためには、別の見方や新しい観点といったものは大衆に供給せずに、限られた事柄に対する紋切り型の主張を繰り返し拡散すること、平板な言葉を執拗に反復して大衆に刷り込むことが重要であるという。その要点は、「プロパガンダに学問の講義のような多面性（Vielseitigkeit）を与えようとするのは間違っている」（ibid.）という一節に要約されると言えるだろう。また、ヒトラーは次のようにも語っている。

> たとえば、ある新しい石鹸を宣伝するべきポスターが、同時にほかの石鹸も「良質」だと書いているとしたら、人々は何と言うだろう。
> 人々は、これには呆れて頭を横に振るしかないだろう。
> 政治の宣伝でも、事情は全く同じである。（ibid.）

多面性を徹底的に排除した言葉を繰り返す、こうしたヒトラーの戦略が実に効果的であったことは、先述の通り、歴史が証明している。それはまさに常套句の氾濫、決まり文句の洪水であり、それが人々を流して思考を停止させ、単一の方向に誘導していく過程であった。

第二次世界大戦後、イギリスの作家ジョージ・オーウェル（一九〇三―五〇）は、小説『一九八四年（*1984*）』において、ナチス・ドイツに代表されるような全体主義国家の統治の恐怖を描いたことでよく知られている。（ちなみに、作中の国家で公式言語として採用されている「ニュースピーク（Newspeak）」なる人工言語は、世界で唯一、毎年語彙が減ってゆく言語として特徴づけられている。）同時期にオーウェルは、政治と言語をめぐる論考を公にしているが、ジャック・ブーヴレスをはじめとする論者が指摘しているように（Bouveresse 2006: 119-124/70-73）、そこにはクラウスの議論との深い共通性を確認することができる。たとえば以下のような論述である。

……最低の現代文がそうであるのは、意味に心を砕いて言葉を選び取ったり、意味をより明確にするためにイメージを生み出したりしないところに起因する。すでにほかの誰かによって整えられた長い言葉の断片をつなぎ合わせ、全くのごまかしによって結果をもっともらしく見せかけるところに、悪文の悪文たるゆえんがある。このやり方の魅力は、手間が掛からないということである。……一度その習慣を身につければ、その方が手っ取り早いのだ。出来合いの常套句《フレーズ》を使えば、言葉を探す必要がなくなるだけではない。そうした常套句は一般に多少なりとも響きよく配列されているから、文章のリズムに頭を悩ます必要もなくなるのだ。（Orwell [1946] 1968: 134/22-23）

ここでオーウェルは、クラウスと同様に、言葉を選び取る責任というものに着目している。出来合いの常套句をつなぎ合わせて語れば、言葉を探す必要もなく、手っ取り早い。しかし、そうやって組み上がるものこそ最低の文章だと痛罵するのである。そして、そうした悪文の典型としてオーウェルが提示するのが、しばしば政治家などが語り、マス・メディアで拡散される紋切り型の言葉である。

……政治の言葉は、主に婉曲法と論点回避と、朦朧たる曖昧性とから成り立たざるをえない。無防備な村落が空爆を受け、住民が山野に追い出され、家畜が機関銃でなぎ倒され、家が焼夷弾で焼かれる。これが鎮圧と呼ばれる。何百万人もの農民が農場を奪われ、携行できる物だけ抱えて重い足どりで道を歩かされる。これが住民の移送とか国境線の調整と呼ばれる。人々が裁判も受けぬまま何年も投獄されたり、頭を後ろから銃撃されたり、北極の木材切り出し場に送られて壊血病で死ぬ。これが不穏分子の排除と呼ばれる。物事を名指しつつ、それに対応する心的なイメージを喚起しないことを欲した場合に、こうした決まり文句《フレージオロジー》が必要となるのだ。(ibid.: 136/26-27)

オーウェルによれば、政治の言葉の特徴とは、論点をぼやかす曖昧で婉曲な言い回し、物事を名指しつつ、それに対応するイメージを喚起させないことを狙った決まり文句である。そのような言葉は、苛烈な現実をオブラートに包んで曇らせ、人々の感受性や想像力を麻痺させる。いや、それだけではない。「政治の言葉は、保守党員からアナーキストまで様々な違いはあるものの、どれも、嘘を本当と思わせ、殺人を立派なものに見せかけ、空虚なものを実質の備わったものに見せようという意図をもっている」(ibid.: 139/33)。

ひとつ、日本語の例を挙げてみよう。「遺憾」という言葉は現在、政治やビジネスをはじめとする様々な場面で常套句として流通している。この言葉は本来、「思っているようにならなくて心残りであること。残念な、そのさま」(三省堂『大辞林』第三版)を表すはずだが、自分の行いを後悔し、申し訳ないとはっきり詫びるべき場面でも濫用されている。そこには、現実を自分が謝罪しなくてもよい場面——残念に思うだけでよい場面——に見せよう、現実の方を改変しようという意図が働いていると言えるだろう。

ここで重要なのは、「遺憾」とは「残念に思うこと」と「申し訳ないと思うこと」という二つの意味をもつ多義語ではない、ということである。この言葉には後者の意味はないにもかかわらず、「すみません」と言うべき場面で「遺憾です」と言うことによって、論点をぼやかし、嘘を本当と思わせ、空虚なものを実質の備わったものに見せることが自ずと企図されているのである。

もうひとつ、最も悪質な例を挙げよう。それは、ナチスやそれを支持する人々が、ユダヤ人を「害虫」と繰り返しレッテル貼りし、あげくには実際に虫けらのように殺戮したことである。「害虫」という言葉は当然ユダヤ人を意味するものではないにもかかわらず、彼らをそう呼び、ついにはそれらと文字通り同じ扱いをした。つまり、これも、常套句によって現実を曇らせるだけでなく、現実そのものを歪めて常套句に合わせてしまうことにほかならない。その意味では、本書第1章で取り上げた「ヴェールとしての言葉」という有り様が現実に——しかも究極の仕方で——あらわれているのが、ナチスのプロパガンダの言葉と言えるだろう。

クラウスの慧眼は、オーウェルと同様の分析を、ヒトラーが政権を握る遥か前に提示していることにある。粗雑な政治の言葉が行き交い、常套句が氾濫し、言葉が本当にヴェールと化していく社会を見つめながら、彼は、人々が自分の話す言葉に耳を傾け、自分の言葉について思いを凝らし始めることに、戦争から遠ざかる一縷《いちる》の望みを確かにつないでいた。だからこそ彼は、しっくりくる言葉を探すよう努めるという、一見すると些細で個人的なこだわりに過ぎないかに思える営為を、「行われるべきこととしては最も重要な責任でありながら、現に行われていることとしては最も安易な責任」と呼んだのである。

2―3 「迷い《ツヴァイフェル》」という道徳的な贈り物

ヒトラーの陶酔的な演説は聴く大衆をも酔わせ、宣伝省が新聞やラジオ、テレビ、映画など様々なメディアを通じて流したプロパガンダは、その高揚を戦争や殺戮へと誘導していった。繰り返し流れてくる常套句、その音声上のリズムや抑揚にただ身を任せ、浸っているときに忘れ去られているのは、まさしくかたち成すものとしての言葉の側面であり、言葉を選び取るときに生まれる〈これではまだしっくりこない〉〈これでは……過ぎる〉といった「迷い《ツヴァイフェル》」(S: 372/713) である、そうクラウスは主張している。

そして、彼はこの「迷い」を、我々に対する「道徳的な贈り物 (moralische Gabe)」(ibid.) と呼んでいる。これにはいくつかの意味合いが含まれているだろう。ひとつは、我々に受け継がれた文化遺産としての言語には、無数の多義語が含まれ、互いに複雑に連関し合っているということである。〈しっくりこない〉〈どうも違う〉といった迷いは、類似した言葉の間でしか生まれない。我々は、迷い、ためらうことを可能にする言語を贈られているのである。

それから、この迷いの感覚がとりわけ道徳的な贈り物であるのは、それが常套句の催眠術にかからないためのわずかな拠り所であるからだ。出来合いの常套句で手っ取り早くやりすごし、夢見心地でうっとりしているときに、言葉に意識を向けることはできない。迷うためには、醒めていなければならない。そして、しっくりくる言葉を体験するとき、言葉が胸を打ち、かたちを成すとき、人はこの上なく覚醒している。言葉は、「陶酔によってではなく、この上なく明澄な意識によって存在へと汲み上げられる」(S: 339/659) のである。つまり、ここで求められているのは、醒め続けることであり、しっくりくる言葉を見出すまでは妥協しないよう努める責任、どこまでも自分を欺くまいとする倫理である。その意味で、しっくりこないという感覚が湧いてくるのは道徳的な贈り物であると、クラウスは指摘しているのだろう。

彼自身が述べている通り (ibid.)、覚醒したなかで言葉を選び取るというのは、言葉が創造される場面として我々が思い描きがちなある種の神話的なイメージと相反している。すなわち、詩人が陶酔状態のなかで喚起力に富んだ言葉をとめどなく紡ぎ出す、というイメージである。確かに、チャンドスがそうであったように (本書41頁)、また、実在のホーフマンスタールや、あるいはアルチュール・ランボーなどがおそらくはそうであったように、詩人がそうした幸福な創作の時期を迎えることもあるのかもしれない。ただし、それが一握りの天才の、しかもたいていの場合はごく若く限られた時期にしか訪れないものであることも確かである。クラウスが責任の問題として見つめるのは、そうした天才の創作ではなく、日常の生活における我々の言葉の使用である。

それゆえ、幸福な時期を過ぎて詩的霊感を失ったチャンドスの日常の苦境こそ、クラウスの議論とむしろ呼応する側面をもっている。陶酔から醒めたチャンドスには、人々が迷いなくすらすらと口にするような陳腐な言葉を使うことが耐えられない。「いつも正直でなくてはいけない」とか「あれは善人だ」といった会話の諸々が、どれも空虚なものに思える（本書42頁）。それはまさに、常套句の常用に対する拒絶であり、その点で、クラウスとチャンドスは一致している。

　しかし、同時に思い起こすべきなのは、自他が用いる常套句の空虚さが耐えられないというのは、チャンドスにとっては、言葉だけでなく世界全体がよそよそしい異物として感じられる悪夢の一部だった、ということである。世間に夥《おびただ》しく流通し、日常で人々がためらうことなく用いているステレオタイプな物言いがいちいち気になること、マス・メディアで著名人が流暢に繰り出す紋切り型のコメントひとつひとつが引っ掛かること——そうした変調が意味するのは、世間の波に自分が自然と乗れなくなり、その意味で孤独になることでもある。そして、それはまた、自分と外部の世界との関係がぎこちなくなり、世界が不確かで信頼できないものとして立ち上がってくる、その入り口に立つということでもある。つまり、自他が用いる言葉の確かさへの迷《ツヴァイフェル》いは、世界全体への懐疑《ツヴァイフェル》へと通じる可能性を確かにもっているということである。その通路については、第1章で、チャンドスの物語や、あるいは中島敦の作品群を辿ることで、ある程度詳しく確認しておいた。

　ともあれ、世間の波に同調してその流れの一部となるのではなく、逆に醒め、そこから距離をとるというのは、チャンドスや老博士などが見舞われたような全面的なゲシュタルト崩壊につながる危険があるということは間違いない。では、彼らのように、もう一度以前の幸福な時期に、無垢な状態に、束の間でも戻る奇跡をひたすら待つべきなのだろうか。彼らにとってそれは、言葉以外のものが生き生きと立ち現れている状態、世界と親密であり、周囲の事物と言葉を介さずに直接交わっている状態のことであった。そうした、自らも大いなる統一体の一部として融け込むような陶酔状態に入ることを願うべきなのだろうか。

　クラウスは、ここではっきりと別の道を提示している。彼はむしろ、いま述べた意味での孤独を引き受け、醒め続けるよう促す。それが、彼の言う「言葉を選び取る責任」を果たす道なのである。

　そして、彼のこの姿勢の背後にあるのは、これまで本章1―5（194―195頁）等で確認してきた、言語の豊饒な可能性に対する揺るぎない信頼にほかならない。なるほど、常套句に対して疑《ツヴァイフェル》いの目を向けることは、お約束の型通りの流れを止めることであり、世界が不確かで無意味なものとして立ち現れるきっかけになりうるという意味で、いわば深淵を覗き込むことに比されるかもしれない。しかし、そのように「常套句の存在するところに深淵を見て取ること」（S: 373/715）は、常套句に代わる言葉を探し、常套句が押しつけてくるような貧困で曖昧な見方や一面的な見方をずらす、そのきっかけにもなりうるのである。クラウスはこちらに賭ける。しっくりこないという違和感を頼りに〈言葉の場〉を探索していく先で、しっくりくる言葉が本当に訪れてくれるかどうかは定かではない。ただ、これは実際のところ、手堅い賭けである。韻律や隠喩等のテクニック、あるいは詩人の天賦の才といったものは必ずしも必要ない。自然言語は、凡人の手探りの探索に応えられるだけの豊かな語彙や、創造性・柔軟性を湛えている。これが、クラウスが言語に寄せる信頼の一方の内実である。

　そして、もう一方の信頼の内実は、自然言語の自律性である。ある言葉がしっくりくるかどうかというのは、言葉を探している当人の主観的な感覚に拠っているかに見えながら、当人が意のままに決められることではない。ぴったりの言葉は不意に、いわば「向こう」から訪れるものである。あるとき言葉がかたちを成すのは、関連する無数の言葉が生活の様々な場面で用いられ、相互浸透を生み出してきた長い歴史が背景にあるがゆえであって、その有機的連関の力学は人によるそのつどのコントロールが及ぶものではない。たとえ公的機関の審議会や閣議によって「言葉の意味の決定」が恣意的に行われたとしても、そのお仕着せの言葉は人々にとってはしっくりこないどころか、しばしば強い違和感や反発を覚えさせるだろう。

作家の森鷗外（一八六二—一九二二）は、当時の文部省が行おうとしていた仮名遣いの改定案に反対する演説（いわゆる「仮名遣意見」）のなかで、古代のローマのある逸話を紹介している。時の皇帝ティベリウスが話をしていて言葉遣いを間違えた。その際にカピトという臣下は、皇帝の口から出たならば、その言葉は立派なラテン語である、と取り入った。しかし、別の臣下マルケルスはこれに次のように毅然と反論したという。

……成程《なるほど》帝王は人民に羅馬《ローマ》の公民権を与えることはできよう、併《しか》し新しい言語を作ることはできない。［マルケルスは］斯《こ》う云ったと云う。正則に反《そむ》いたことをすると云う権能は帝王と雖《いえ》どもない。（森［一九〇九］一九七三：285）

カピトは違和感に蓋をして、体制に迎合する方を選んだ。それに対してマルケルスは、皇帝といえども言葉を歪め、言語を意のままに作りかえることなどできないと喝破する。クラウスも同様の反骨の道を勧めるわけだが、先の本章1―2の論点（168－169頁）を繰り返すなら、彼はなにも、言葉の慣習的な使い方や文法規則を墨守せよと主張しているわけではない。言葉同士の繊細な表情の違いに分け入っていく〈言葉の実習〉を続け、それを通して自らの言語感覚を鍛錬し、研ぎ澄ませたならば、その感覚に忠実であり続けようとすること、どこまでも自分を欺かないこと――彼が人々に期待したのはこの一点である。

一九三四年、ヒトラーをはじめとする独裁者たちがヨーロッパ各国で台頭し、全体主義が勢いを増すなか、クラウスは、「今日《こんにち》、言葉以外はすべてを支配している独裁制」（*Die Fackel*, 890: 93, 153）に抗するために、改めて、〈言葉の実習〉を行うよう訴えている。政治やジャーナリズムの場では、「言語を支配することができるという妄想」（S: 373/714）がしばしば湧き起こる。そして、ナチスのプロパガンダの成功は、あたかもその妄想が真実であるかのような錯覚を覚えさせる。実際、オーウェルは、「独裁制の結果、ドイツ語もロシア語もイタリア語もすべて、これから十年から十五年の後に堕落してしまう」（Orwell [1946] 1968: 137/28）という見通しを述べている。とはいえ、言語それ自体が――というより、人々が言語を使用してきた長く複雑な歴史が――堕落するということはありえない。独裁制にせよ、他の政治形態にせよ、言語それ自体を支配することはできないのだ。可能なのは、それが顧みられなくなること、忘れ去られることである。すなわち、人々が常套句の使用で妥協し、感受性や想像力を麻痺させることによって、言葉同士の繊細な表情の違いを感じられなくなることである。

クラウスはこう言いたかったのだろう。世界が不確かさに覆われつつあるように映り、不安や孤独に襲われたとしても、我々は言語不信に陥って誰か（マス・メディア、カリスマ、独裁者）の言葉に身を任せるのではなく、言語の可能性をこそ信頼し、言語の豊饒さによって触発される「迷い」を「贈り物」として祝福するべきではないのか、と。

2―4 諧謔と批判《クリティーク》の精神

しかし、クラウスの訴えは陶酔と熱狂の声にかき消された。戦火が広がり、十余年にわたって続いた第二次世界大戦の悪夢が終わってから、現在ではさらに七十年以上が経過している。いまや、インターネット技術を背景にしたソーシャル・メディアが発達し、個々人が世界中の不特定多数の人々に向けて自分の主張を発信することができるようになった。それと反比例して、大新聞やテレビなどのマス・メディアはその影響力を弱めつつあると言われることもある。仮にその見立てが正しいとすれば、時局と深く切り結んだクラウスの警告はもはや過去のものとなったかに見える。「我々はもう、マス・メディアが自分の思っていたことを代弁していると見なすことはないし、マス・メディアの言葉をただ繰り返すようなこともない」、そう言われるかもしれない。

現在のマス・メディアが、クラウスが直接対峙していたものと同様の影響力をもっていないという見方は、多分に疑わしい。だが、たとえ仮にその見方を受け入れたとしても、状況はむしろさらに悪くなりつつあると言えるのではないか。自分の主張として他者の言葉をそのまま反復することは、まさにソーシャル・メディア・サービスの恩恵を受ける現在の方が遙かに簡単である。実際、いま急速に拡大しているのは、他者の言葉に対する何の留保もない相乗りと反復に過ぎないのではないか。秒単位のタイムスタンプが押された言説がリアルタイムで無数に流れる状況にあっては、言葉を発する方も受ける方も、自他の言葉に耳を澄ますどころか、時間に追い立てられ、タイミングよく言葉を流す即応性に支配されているのではないか。「リツイート」や「シェア」等の反射的な引用・拡散や、「いいね」等の間髪入れない肯定的反応の累積がもたらすのは、それによって単に重量を増した言葉が他の言葉を押しのけるという力学であり、かつてない速度と規模をもつデマや煽動の生産システムではないのか。あるいは、そうした引用・拡散や肯定的反応を誘うような言葉を発するという、絶え間ない常套句の生産システムではないのか。称賛も非難も、議論や煽り合いも、結局のところ常套句（あるいは、それよりさらに寿命が短く適用範囲の狭い流行語）の使用へと硬直化し、その反復や応酬の勢いと熱量が、物事の真偽や価値の代用品となってしまっているのではないか。そうして、我々が向かおうとしているのは、重量と勢いと熱量のある声への――その声を代表する誰かへの――「迷い」なき同調と一体化の空間なのではないか。つまり、我々は結局、誰かに対して、マス・メディアを介することすらなく、じかに身を任せるようになりつつあるだけではないか。否、むしろ我々は、誰かですらないような、空気や雰囲気や流れといった曖昧な何かに、じかに融け込みつつあるだけではないのか。

　これらの問いすべてにイエスと答えることは、あまりにシニカルで悲観的に過ぎるだろう。情報技術の革命的な進歩と、それを個々人に開放するプラットフォームの整備と、それと共に立ち現れてきた社会の新たな様相に対して、不信を振り撒いているだけなのかもしれない。しかし、これらの問いを杞憂と言い切ることもできないはずである。誰しも自分の話す言葉に耳を傾け、自分の言葉について思いを凝らし始めなければならない、というクラウスの呼びかけは、他のどの時代よりも、まさにいま現在の我々に突きつけられていると言えるだろう。

では、我々がこの呼びかけに応えるとすれば、具体的に何をすべきなのだろうか。他者の言葉を全く反復せず、常套句を一切使用しないようにすべきなのだろうか。

言うまでもなく、そのようなことは不可能だ。クラウスも、詩人が生み出すような新奇な言葉を日々常に繰り出すことを勧めているわけではない。先の2―2の引用にもある通り（本書204頁）、彼は、「慣用表現の活性化」ないし「決まり文句の鮮度を高めること」を促している。これは大きく分けて二つの事柄を指していると思われる。順に見ていこう。

（1）まずひとつは、使い古された言葉が湛える奥行き――様々な言葉やイメージや思考を喚起する可能性――に対して改めて意識的になる、ということである。たとえば、「やばい」という言葉は、現在の日本において多くの場合常套句として濫用されている言葉だと言えるだろう。しかし、常にそうであるわけではない。確かに、いま若い世代の人々は、たとえば食事をしているとき、「かなり旨い」や「すごく美味しい」、「絶妙な風味だ」、「大変オツだ」などとも表現できる場面でしばしば、「やばい」と言う。「これやばい！」といった具合である。しかし、こうした用法は必ずしも、多様な言葉を押し潰して平板化させ、実際にはやばくない（危険や不都合が予測されない）現実を歪めている、とは限らない。むしろ、「危険や不都合が予測される」という原義を響かせつつ、「恐ろしいほど旨い」、「取り乱しそうなほど旨い」、「旨すぎて、はまってしまいそう」といった微妙なニュアンスを帯びたかたちで、「やばい」が用いられている場合もある。[33]

肝心なのは、この言葉を用いる者自身がそうしたニュアンスに自覚的になれるかどうかである。たとえば、何気なく「これやばい！」と言ったとしても、仮に他人から「いま『やばい』ってどういう意味で言ったの？」と聞かれたとして、いま挙げたようなニュアンスを説明できるのであれば、そのときに用いた「やばい」は常套句ではない。あるいは、そのように明確に言葉にできなくとも、「かなり旨い」や「すごく美味しい」ではどうもしっくりこない、ここでは「やばい」がぴったりだ、という風に感じられるのなら、その場合の「やばい」は常套句とは一線を画している。つまり、そうした場合の「やばい」は、「危険だ」「不都合だ」「恐ろしい」「取り乱しそう」「はまってしまいそう」といった多面性をもった言葉として——他の言葉には置き換えきれない独特の表情をもつ生き生きとした言葉、鮮度の高い言葉として——活性化しうるのである。

このことは逆に言えば、本来多面性をもちうる言葉であっても、ただそれだけで生命を得られるわけではない、ということでもある。たとえば、前章で取り上げた「むつごい」などの言葉も、実際には常套句と化しているケースが間々見られるだろう。すなわち、他の様々な言葉と類似しつつも異なる独特の言葉としてこうした方言が用いられているわけではなく、単に手っ取り早く言葉を発するために用いられたり、あるいは、当該の方言が通じる共同体への同調や一体化の手段として用いられたりしているケースも多いだろう。ある言葉を立体的な〈言葉のかたち〉とするのは、その言葉が互いに類似した多様な意味合いで用いられてきたという事実それ自体ではない。人々がそのことを忘れ去らず、そうした多様な用法を踏まえて、その言葉を現にどう用い、どう理解するかなのである。

(2)また、決まり文句の鮮度を高めるというのは、言葉が用いられてきた型通りの仕方を踏まえ、その型を破る、ということも含意しているだろう。すなわち、すっかり常套句と化したような無表情な言葉であっても、それをこれまでとは異なる文脈のなかに置いたり、別の様々な言葉と組み合わせたりすることによって、再び生き生きとした表情を宿らせることができる、ということである。

たとえば、「最近の若者は……」とか「若者の○○離れ」といった言い回しがたいていの場合平板な常套句であるのは、人々が現にそのように使っているからである。具体的には、当該の問題が若い世代だけではなく明らかに全世代に当てはまるものであるのに(低いマナー、公共空間での暴力、等々)、「最近の若者はマナーが悪い」などと言ったり、あるいは、当該の事物の意味や社会的な位置づけなどが時代と共にかなり変化しているにもかかわらず(車の所有、飲み会、等々)、「若者の深刻な車離れ」などと言う、といった具合である。それは、「若者」と括られる人々が実際にはどれほど多様な生活を送っているかに連想や想像を広げることなく、手っ取り早く一纏《ひとまと》めにして思考停止し、その単純化されたまがい物の「現実」を嘆いたり批判したりしているに過ぎない。

言葉を曖昧に空虚に振り回し、現実を歪めるような、こうした常套句の使用に対して、たとえば絶妙な切り返しがなされているのが、「若者の深刻な犯罪離れ」[34]という言葉である。この言葉は、現実を歪めるのではなく、逆に、現実を突きつけることによって、「若者の○○離れ」という常套句を逆手にとり、むしろこの言葉を活性化させている。たとえば、この言葉から我々は、実際には若年層の凶悪犯罪は以前よりも減少していることや、にもかかわらず、「近頃は若者の凶悪犯罪が増加している」という印象論が蔓延《はびこ》っていることなどを想起できるだろう。また、それをきっかけに、若年層に対する見方や世代論のあり方などについて再考していくことができるだろう。

こうした「型破り」な言葉の使用に顕れているのは、知らずと固定化されている一面的な見方をずらすということ、いまの見方を相対化し、別の見方を重ねてみせるということである。それは陶酔ではなく諧謔と批判《クリティーク》の精神であり、ユーモアやウィット、エスプリ、機転、皮肉、諷刺、等々と呼ばれる精神である。

ピエール・ブルデューの言葉を借りるなら、クラウス自身が長年実践してみせたことも、当時の政治家やジャーナリスト、作家などの発言を切り貼りし、組み直し、新たな連関の下に置くことによって、「文章と資料の地位を完全に変化させる」(Bourdieu 2002: 375/499) ことであった。「この作業によって、ぞんざいに目を通されるだけのものが、突然、驚くべき、さらにはスキャンダルな外見を呈することになる」(ibid.)。それはまさしく、そのままでは流れていく言葉に注意を向けさせ、その言葉に対する見方の転換——アスペクトの変化——をもたらすことであり、ぞんざいに目を通されるだけの言葉の鮮度を高める営みにほかならなかった。

型を破るためには、まず型を身につけなければならない。生ける最大の文化遺産としての言語を継承し、複雑に絡み合う語彙に馴染み、自分のものにすること、そのために無数の語彙とともに長く生活を送り、無数の言語的実践に参与することが、まずもって不可欠である。そのうえで、個々の言葉の表情や響きの違いをあらためて吟味し、様々な連想を喚起する力のある生きた言葉をたぐり寄せる必要がある。クラウスの勧める〈言葉の実習〉とは、こうした営みの全体を指していると言えるだろう。

2―5 〈言葉の実習〉の勧め

一九三六年、第二次世界大戦が勃発する直前に、クラウスは世を去った。晩年の著作『第三のワルプルギスの夜』は、ヒトラーの文章や宣伝相ゲッベルスの演説、人種差別のプロパガンダなどをふんだんに引用しつつ、それらに辛辣な皮肉や諷刺を交えた分析を加えるという、実にクラウスらしいナチズム批判の書である。

この書の冒頭でクラウスは、「私にはヒトラーと聞いても頭に浮かぶものは何もない」(DW: 12/3)と記している。この一節は、ヒトラーに対する無関心や諦念の表明などとも解釈され、数多くの議論や批判の的となってきた。しかし、本章で辿ってきた彼の思考の要点を踏まえるなら、この一節はむしろ次のように解釈できるだろう。すなわち、彼は文字通り、「ヒトラー」という言葉からは何の連想も呼び起こされない、と言っているのではないだろうか。それは言い換えれば、たとえば「シューベルト」や「ベートーヴェン」といった言葉(本書148−152頁参照)と違って、「ヒトラー」という言葉は何のかたちも成しえないということであり、つまりはこの言葉を陳腐な常套句のひとつと見なすという、クラウスからすればこれ以上ない非難の声明ということになる。(しかし、皮肉にも、その後現実となった惨禍により、「ヒトラー」は極めて豊かなイメージを喚起する言葉となった。)

また、同じ書の終盤で彼は、当時ドイツの新聞がナチスの統制を受け、廃刊に追い込まれたりナチス系の新聞へと吸収されたりしていた情勢を念頭に置きながら、「国家社会主義が新聞を滅ぼしたのではなく、新聞が国家社会主義を生み出したのだ」（DW: 307/384）と指摘している。新聞が紋切り型の言葉で紙面を埋め、読者が批判《クリティーク》なしにそれを反復していた状況こそが、ナチスの台頭を準備したということである。クラウスは、言葉を縛りつけ人々の思考を停止させるこのシステムに、最後まで抵抗し続けた。河野英二が言うように、「クラウスは近代を象徴する『自由の獲得』という『大きな物語』を体現する新聞の言葉が逆説的にもたらしていた思考の束縛を主題化し、人びとがそこから解放されるための言葉の啓蒙活動を行った」（河野 二〇一二a：224頁）のである。

そして、哲学者ウィトゲンシュタインが自らの活動に見出していた主要な意義も、同様に、言葉の解放を通じて人々の精神を解放することであった。ある講義のなかで、ウィトゲンシュタインは自らの哲学の方法論や目的についてこう語っている。

> 私が提供するものは、表現の使用の形態学[35]である。私は、ある表現に諸君が夢想だにしなかった用法があることを示す。哲学において人は、特定の仕方で概念を見るように強いられていると感じるものだ。私が行うのは、別の見方が様々にあると示唆すること——あるいは、別の見方を発明しさえすること——である。諸君がこれまで考えたこともなかった様々な可能性を私は示唆する。ひとつ、あるいはせいぜいふたつの可能性しかないと諸君は考えていたが、私はほかの可能性について考えるように促してきた。さらに、そのように概念を狭い可能性に従わせようとす

るのは馬鹿げているということを分かってもらおうとしてきた。そうすることで、諸君の精神的痙攣は取り除かれ、表現の使用の現場を自由に見て回り、様々に異なる用法を自由に記述できるようになるのである。(Malcolm 1984: 43/62)

本来多義的であるはずの言葉――たとえば「意味」や「心」など、哲学でしばしば扱われる言葉――を人々が一定の仕方でしか見ていないとき、すなわち言葉を平板化してしまっているときに、それとは別の見方が様々にありうることを示してみせること。また、実際に自分で別の見方を発見するように促すこと。それは同時に、平板な言葉の使用によって思考が硬直化し、想像力が麻痺してしまっている状態から人々を解放して、その「精神的痙攣」を取り除くことでもある。ウィトゲンシュタインは自らの活動に、そうした啓蒙の役割を見出しているのである。

もうひとつ、ウィトゲンシュタインに関するエピソードを紹介しよう。一九三九年秋頃、彼が弟子のノーマン・マルコムと川のほとりを散歩していると、新聞売りの看板に、イギリス政府がヒトラー爆殺計画を扇動したとドイツ政府が非難している旨が書かれていた。マルコムは、イギリス政府の首脳部がそんなことをするとは考えられないと言った。さらに付け加えて、そのような行為はイギリス人の「国民性」に反している、とも言った。ウィトゲンシュタインはこれに激怒した。その後、彼はマルコムに向けて次のような手紙を書き送っている。

君と私が川沿いに鉄橋の方へ歩いていて、激しい議論になったことがあったね。そこで君は

「国民性」について言い出して、私はその意見の幼稚さにショックを受けた。あのとき私はこう思っていた。哲学を学ぶことは何の役に立つのだろう。もしも哲学が、論理学の難問についてもっともらしい理屈がこねられるようになるくらいしか君の役に立たないのだとしたら、また、もしも哲学が日常生活の重要な問題について君の考える力を向上させないのだとしたら、そして、もしも哲学が、「国民性」というような危険極まりない常套句《フレーズ》を自分の目的のために使うジャーナリスト程度の良心くらいしか君に与えないのだとしたら、哲学を学ぶことに何の意味があるだろう。君も知っての通り、「確実性」とか「蓋然性」とか「知覚」といったことについてよく考えることが難しいのは当然だ。でも、それよりもっと難しいのは、自分の生活や他人の生活について本当に誠実に考えること、あるいは考えようと努力することなんだ。そのうえ、困ったことに、これらについて考えるのはスリリングではないし、往々にして全く不愉快だ。けれど、その不愉快なときが、最も重要なことを考えているときなんだ。(Malcolm 1984: 35/41-42)

本章ではここまで、ときにウィトゲンシュタインの議論を参照するかたちで、彼とクラウスの議論の共通性を間接的に浮かび上がらせてきた。しかし、右の引用中の言葉、すなわち、「国民性」のような常套句を自分の目的のために使うジャーナリスト程度の良心くらいしか得られないのだとしたら、哲学を学ぶことに何の意味があるのか――そう問いかけるウィトゲンシュタインの言葉には、クラウスの思考が直接響いていることを確認できるだろう。

また、それに続く、自分の生活や他人の生活について誠実に考えるという退屈な営みに努めるように教え子を諭すウィトゲンシュタインの姿にも、クラウスを重ね合わせることができる。先に２―１で見たように（202頁）、クラウスは、〈言葉の実習〉よりも気晴らしに適した営みが存在することを認めつつ、それでも、人々が言葉を用いて生活するその有り様に仔細に目を向け、その細かな表情の違いを慎重に吟味する努力を続けるよう促している。ウィトゲンシュタインもまた、自他の生活の有り様を真面目に考えるのは往々にしてひどく退屈で不愉快だと認めている。そして、むしろそのようなときこそ実は最も重要なときであり、よく考えるよう努力すべきときだと強調するのである。

ウィトゲンシュタインがクラウスから継承し、二人にはっきりと共通しているのは、言語批判《クリティイーク》の根本的な重要性に対する認識であり、言うなれば、〈言葉の実習〉への希望である。すなわち、生活の流れのなかで用いられ、生活のかたちを反映している個々の言葉に注意を払い、吟味し、それらを立体的に理解できるよう努めることを、二人は何よりも重要だと見なす。ウィトゲンシュタインは次のようにも述べている。

> 哲学とは言語使用の記述ではないが、それでも、言語において生活が言い表される仕方すべてに絶えず注意を払うことによって、人は哲学を学ぶことができる。(LW1: 121)

言葉の見方がひとつに縛られているとき、その現在の見方を相対化する別の見方に気づくこと。それをきっかけに、言葉が用いられる現場を自由に見て回り、様々に異なる用法を自由に記述すること。そして、そのことを通じて、言葉が不断に織り込まれている自分の生活や他人の生活について

「本当に誠実に考えること」――ウィトゲンシュタインにとっては、これこそが哲学なのだ。学問上の専門用語と化した概念をめぐるパズルを解き、もっともらしい理屈をこねられるようになったとしても、哲学を学んだことにはならない、ということである。

とはいえ、自分がどのような見方に縛られており、別の見方にいかに想像が及んでいないか、というのは、その見方のなかで過ごしているときには得てして気づかないものである。それゆえ、「どうもしっくりこない」という違和感が自ずと湧いてくるというのは、クラウスが強調するように大きな〈贈り物〉だと言えるだろう。その違和感に蓋をせずに、言葉と言葉の間で迷いながら、ぴったりの言葉が訪れるのを待つというのは、世界への懐疑を呼び込む縁《ふち》に立つ危険を引き受けることでもあるが、慣用表現を活性化させ、決まり文句の鮮度を高めて、言葉を生かす可能性を拓くことでもある。その意味で、クラウスの言う通り、「言語は、言葉と言葉の間に存在の場をもつあらゆる迷いから成り立っている」(S: 372/714) のである。

クラウスとウィトゲンシュタインが勧めるこうした〈言葉の実習〉は、繰り返すように、面倒であり、退屈であり、不愉快な実践である。少なくとも、「帰国者の手紙」の主人公がゴッホの一連の絵画を見渡したときに訪れたような、周囲の世界が一変するほどのスリリングな経験（本書49－50頁）が得られるわけではない。

そして、社会で生きていくうえでは、多面的な視点などもたない方が波風が立たないし、気楽に暮らしていけるのではないか、と言われるかもしれない。確かにその通りで、〈言葉の実習〉などしなくとも生きてはいける。クラウスが批判したような、誰かの言葉の反復にすぎないものを自分の言葉として生きていく、ということも確かに可能だ。しかし、この実践を手放さないことの根本的な重要性を、彼らは見て取っていた。たとえばクラウスは、皆がこの実践を続けることよって戦争が遠ざかると、本気で信じていた。そして、この見立てはおそらく的外れではない。少なくとも、国籍、人種、民族、性別、政治信条等に関して、紋切り型の言葉で敵意や差別意識を拡大させる流れを黙認したり、自らもその流れに飲み込まれたりしないためには、〈言葉を選び取る責任〉を自覚し、これを果たすことが必要である。クラウスやウィトゲンシュタインの生きた時代だけでなく、むしろいま現在こそ、〈言葉の実習〉を始め、継続することが肝心なのだ。

自分でもよく分かっていない言葉を振り回して、自分や他人を煙に巻いてはならない。出来合いの言葉、中身のない常套句で迷い《ツヴァイフェル》を手っ取り早くやりすごして、思考を停止してはならない。言葉が生き生きと立ち上がってくるそのときに着目し続けた二人の自然言語の使い手、「世紀末ウィーン」の申し子にして異端児たちが、それぞれの言語批判の活動を通じて絞り出したのは、詰まるところ、そうした単純な倫理である。

註

第1章

1 影と化しているのはものの方か自己の方か――どちらが「膜」の内側にいるのか――という違いは、問題として焦点化しているのが世界の方なのか、それとも自己や自意識といったものの方なのか、という違いとして解釈できるかもしれない。たとえば、作家の国木田独歩（一八七一―一九〇八）は「死」という作品のなかで中島と同様のモチーフを描いているが、そこで「膜」の内側にいるのは自己である。そして、国木田にとっての問題は基本的に、自己ないし自意識であった。――「自分は以上の如く考へて来たら丸で自分が一種の膜の中に閉ぢ込められてゐるやうに感じて来た、天地凡てのものに対する自分の感覚が何んだか一皮隔ててゐるやうに思はれて来てたまらなくなつた。／そして今も悶《もが》いてゐる自分は固く信ずる、面と面《フエースツーフエース》、直ちに事実と万有とに対する能はずんば『神』も『美』も『真』も遂に幻影を追ふ一種の遊戯たるに過ぎないと、しかしてただ斯く信ずる計りである」（国木田［一八九八］一九七八：155）。

2 本文で後に確認するように、文字のゲシュタルト崩壊をはじめとして周囲のすべてが不確かな存在に思われてくるというモチーフを、中島は一九三三年から三五年にかけて書かれたと思われる「北方行」においてすでに展開しており（「北方行」3：194）、中島がサルトルの『嘔吐』の影響を受けている可能性は低い。むしろ、後の註6で触れるが、中島は「文字禍」の着想をプラトンの『パイドロス』から得ている可能性がある。

3 ほかにも、『嘔吐』の場合は終盤、主人公が存在それ自体に対する哲学的洞察を得る展開となっており、この点でも「文字禍」とは大きく異なっている。

4 「狼疾記」は「北方行」の部分的な改作と言える作品であり、この引用とほとんど同じ文章が後者にも見られる（「北方行」3：194）。

5 こうした空想は、何も中島ひとりの特異なものではない。たとえば九鬼周造も、中島とほぼ同時期に、ある存在がある生物種や時代や文化に生まれ落ちること（たとえば、豊臣秀吉が虫でも鳥でも獣でもなく人間に生まれ、アメリカでもエチオピアでもなく日本に生まれ、京都でも大阪でもなく名古屋に生まれたこと、等々）を、偶然の一種として扱った偶然性論を展開している（九鬼［一九三五］二〇一二：224）。

6　たとえば、この点に関する最も古い哲学的議論としては、プラトンの『パイドロス』を挙げることができるだろう。この対話篇は、神話の物語は本当に起こったことなのかというパイドロスの問いで始まり、終盤（274b-277a）では、文字の発明以来、人々がこれに頼ってかえって物覚えが悪くなったり、言葉が時宜を得なくなったりするなどの悪影響が及ぼされていく物語がソクラテスによって語られる。そして、「書かれた言葉は、生命をもち魂をもった言葉の影である」（276a）という意見で両者が一致する。この『パイドロス』の内容は、「文字禍」とモチーフが一致する部分が多く、中島がこの作品を『パイドロス』から着想した可能性も窺える。

　ちなみに、文芸評論家の小林秀雄（一九〇二―八三）は、『パイドロス』を引きつつ、その主人公ソクラテスの哲学上の姿勢と、本居宣長が「くず花」をはじめとする著作で展開している文字批判とを重ね合わせている（小林［一九七九］二〇〇七：263－273）。宣長は、「中古迄、中々に文字といふ物のさかしらなくして、妙なる言霊の伝へなりし徳」があったと追想するわけだが、ソクラテスも、自身は生涯一行も書かず、生身の相手と面と向かって議論を重ねる活動に終始した。対話というもののそうした一回性や臨場性を重視し、話し言葉と書き言葉の断絶を強調する小林の議論にも興味深いものがあるが、これらについての検討は本書とは別の機会を期すことにしたい。

7　実際にはベーコンは、「言葉は概念（nōtiō）のしるしである」（Bacon, 1620: §14）と考えており、概念自体は言葉とは異なる何かだと捉えている。したがって、ベーコンの戦略を正確に言うなら、〈真の帰納法によって十全な概念を取り出し、その概念に対応する言葉を用いて、現実の自然を曇らせず歪めずに正確に写し取ること〉ということになる。他方、たとえばホーフマンスタールの「チャンドス卿の手紙」において「概念（Begriff）」という言葉は、〈個別の事物を包摂する抽象的な言葉〉程度の意味で用いられており（Hofmannsthal [1902] 1979: 465/108）、それは本書の他の箇所でも基本的に同様である。そのため、余計な混乱を避けるために、ベーコンにおける「概念」と「言葉」の区別をここでは敢えて無視しているので注意してほしい。

8　たとえば、マウトナーとの関係から目を転じるなら、「ひとつの大いなる統一体」としての世界を彼方の理想として希求するホーフマンスタールの叙述に、エルンスト・マッハ（一八三八—一九一六）のいわゆる中性的一元論の影響を見る論者も多い。すなわち、世界はすべて——物体や自我、心と呼ばれるものも含めて——感覚ないし感性的要素のみから構成されているというマッハの議論の反響を、「チャンドス卿の手紙」などの彼の作品に見る立場である。その際にしばしば傍証として挙げられるのは、ホーフマンスタールが一八九七年、ウィーン大学のマッハの講義に出席していたことや、自身の学位論文でマッハに言及していることである（Janik & Toulmin 1973: 113/187、野家 一九九三：5－6、木田［二〇〇二］二〇一四：27）。ちなみに、マウトナーも、プラハ大学で教鞭を執っていた時期のマッハの講義に出席しており、マッハの影響を公言しているほか（西村 一九九五：97）、マウトナーとマッハが互いを称え合う往復書簡も数多く残っている（嶋崎 二〇一二：135－136）。

第2章

9 ジョン・サールによる有名な「中国語の部屋」の思考実験（Searle 1980）は、この論点と深くかかわるものだと言える。

10 この論点に関するウィトゲンシュタインの考察は、RPP1: 120-124などにも見られる。

11 ドイツ語の正書法の歴史や中身については、瀧川・クノル（一九九六）およびグレーヴェ（二〇〇六）などに詳しい。また、ドイツの正書法改正に対する憲法異議については、中村（二〇一二）に、各種判例についての文献がまとめられている。

12 アンデルセン 一九八一：80－82頁。

13 付言すれば、詩的な表現の特徴はそれだけではなく、何を意味しているかについてどこまでも解釈が確定せず、どこまでも謎めいた言葉であり続けるという点にあると言えるかもしれない。すなわち、いわゆる「生きた隠喩」等と呼ばれる詩的な表現の喚起力とはまさに、ドナルド・デイヴィドソンが指摘している通り（Davidson [1978] 2001）、それを言い換える作業にきりがなく、新たな解釈を呼び起こし続けることにある、とも考えられる。（この点に関しては、拙稿「言葉の絵画性——デイヴィドソンのメタファー論再考」（古田 二〇一二）を参照してほしい。）

また、前章第2節の末尾で、ホーフマンスタールが詩を音楽に準ずるものとして捉えようとしたのを確認したように（60頁）、詩をそれとして捉えようとすれば、個々の言葉を構成する音の特徴や、言葉同士の呼応が織りなす韻律という音楽的要素は、無視できないどころか、むしろ極めて重要な役割を果たしていると考えられる。この問題圏の一端を成す押韻という契機については、次の第3章1—5で触れる。

14　ただし、彼が「アスペクト」という概念と絡めて探究する現象には、ほかにも様々な種類のものが存在し、その多様性自体が一個の論点を形成している。その具体的な中身については、たとえば山田（二〇一五）を参照してほしい。

　それから、「アスペクト論」というのは言語学上の一部門を指す言葉でもあるが、その場合の「アスペクト」とは、述語が表す動作や状態の時間的な様態、局面、性質（開始、継続、終止、反復など）を意味する用語であり、ウィトゲンシュタインが「アスペクト」と呼ぶものとは異なっているので注意してほしい。

15　本書では、たとえば引用文で「Farbenblindheit」と記された言葉は「色覚異常」と訳す一方で、ウィトゲンシュタインが思考実験上で「Aspektblindheit」や、あるいは「Gestaltblindheit」、「Bedeutungsblindheit」と名指す状態については、それぞれ「アスペクト盲」、「かたち《ゲシュタルト》盲」、「意味盲」という訳語を充てている。というのも、これらをたとえば「アスペクト知覚異常」、「かたち《ゲシュタルト》知覚異常」、「意味体験異常」などと訳すことには問題があるからである。

　まず、「Aspektblindheit」等は知覚や体験にまつわる異常ないし障害とは限らない。というのも、これらの状態にある人はアスペクト変化の体験ができないだけであり、普通にものを知覚したり体験したりすることができると想定されているからである。

　それから、右の点とも関連するが、「Aspektblindheit」等が何らかの異常ないし障害を意味しているとは限らない。というのも、これらの状態が仮に存在するとして、それがいかなる種類の異常ないし障害なのか——というより、そもそも異常ないし障害と言えるのか——ということ自体が、本文で詳しく跡づけている通り、ウィトゲンシュタインにとって探究すべき重要な謎だからである。

　したがって本書では、必ずしも異常や障害とは結びつかない特殊な状態を指すために、「Aspektblindheit」や「Gestaltblindheit」、「Bedeutungsblindheit」に関しては「盲《もう》」という言葉を用いている。（なお、この言葉の同様の用法としては、たとえば心理学の分野において、やはり異常や障害とは異なる特殊な視覚的状態を意味する「変化盲（change blindness）」や「不注意盲（inattentional blindness）」といった用語がある。）

16　ドイツ語の原文では、「Bank という言葉を言い、Sitzbank（ベンチ）を意味せよ」、および、「'sondern' という言葉を接続詞〔…ではなくて〜〕としてではなく動詞〔隔離する〕として言え」となっている。（Bank には「ベンチ」と「銀行」という二種類の意味があり、また、sondern は接続詞にも動詞にもなりうる。）ここでは、文意を取りやすいように、それぞれ日本語の言葉に置き換えて訳出している。また、この引用の二段落目はバリアントの方を採用している。

17　「Gestaltblindheit」や「Bedeutungsblindheit」を「かたち《ゲシュタルト》盲」や「意味盲」と訳す理由については、前の註15を参照のこと。また、論点を繰り返すなら、アスペクト盲（かたち《ゲシュタルト》盲、意味盲）の人も言葉の意味を理解したり、もののかたち（文字、音声）をそれとして知覚したりすることはできる。それゆえ、「かたち《ゲシュタルト》盲」や「意味盲」という言葉は紛らわしく、ミスリーディングだとも言えるだろう。実際、ウィトゲンシュタインは『心理学の哲学』（RPP）や『ラスト・ライティングス』第一巻（LW1）では「かたち《ゲシュタルト》盲」や「意味盲」という用語を用いているが、それより後の遺稿である『哲学探究』第二部（PI2）では「アスペクト盲」という用語のみ採用している。

18　『哲学的文法』のなかでウィトゲンシュタインが敢えて提示してみせている「意味立体（Bedeutungskörper）」なる比喩（PG: 16-21）も、こうした実体としての「魂」や「表情」の比喩に連なるものとして理解することができるだろう。彼の言う「意味立体」とは、我々が言葉の「感じ」を体験しているときに瞬時に認識している何かであり、個々の記号（言葉）の側面や背面を構成し、その記号が用いられるあらゆる可能性をすでに内包している何か——ウィトゲンシュタインが「イデア的（ideell）」と呼ぶ何か——である。彼自身はもちろんこうした「意味立体」の存在について否定的であるが、この「何か」と、本書で「言葉の立体的構造」と呼ぶものは別物である。まず、ある記号（言葉）を立体的に理解する際に側面や背面を構成するのは、前面に立つ記号以外の具体的な別の記号であって、記号以外のイデア的な何かなどではない。また、互いに類似しつつ異なる記号を見渡すことによって特定の記号の表情を摑むというのは、当該の記号が用いられるあらゆる可能性を瞬時に把握するという超人的な達成ではない。あくまでも、そのつどの文脈や関心などに応じて変化しうる言葉同士の連関をいくつか辿ったというだけであり、そうした連関が延びているということそれ自体に目を開くということに過ぎない。この点に関しては、後の本文3―4のほか、註19および註20も参照してほしい。

19　多様な要素を並べて見渡すことによって、それらの間に類似性を見出し、有機的な全体（かたち、形態）として把握する、というあり方についてのウィトゲンシュタインの考察は、〈ウィトゲンシュタイン的形態学〉と呼びうるものである。形態学（Morphologie）とはゲーテが創始した学問であるが、ウィトゲンシュタインはこれを批判的に継承している。その詳細については拙論「形態学としてのウィトゲンシュタイン哲学――ゲーテとの比較において」（古田　二〇一六）を参照してほしい。

20　言葉同士の類似性を辿っていくことで捉えうるこうした立体的構造は、それ自体として固定化されたものではないということは、ここで確認しておくに足るだろう。どのような言葉たちが多面体を構成するかは、そのつどの文脈や関心などに応じて変化しうるし、ときに全く異なるものでありうる。たとえば、人の性格ではなく料理の味を表現する際に「やさしい」という言葉が選び取られるときには、「上品」や「薄い」、「滋味深い」等々の言葉との連関の下で立ち上がってくるだろう。

21　ただし、このように特定の文脈において「いま『〇〇』ってどういう意味で言ったの？」と訊かれる場合には、当該の言葉が含みうる意味合いの範囲は、自ずと文脈に応じた限定的なものになる。たとえば、服の柄が問題になっている場面で、「いま『むつごい』ってどういう意味で言ったの？」と訊かれるときには、「油っぽい」という言葉は「むつごい」から置き換え可能な言葉の候補からそもそも外れているだろう。この点に関しては、直前の註20も参照してほしい。

22　もちろん、人工言語に施される工夫はこうした点だけには留まらない。たとえば文法の簡素化や不規則性の低減なども含まれる。

23　「駆ける」と「走る」は、原文では「gehen」と「schreiten」である。gehen は、歩くことのほかに、行くこと、立ち去ること、入ること等々を意味する。また、schreiten も同様に歩くことを意味するほか、特に落ち着いてゆっくり歩を進めること、何かに着手すること、行動に移すことなどを意味する。

24　フランス語の esprit は、「精神」「心」「知性」「思考」「意識」「記憶」「才気」「機知」「気質」「天分」「能力」「意図」「真意」「精髄」「風潮」「霊魂」「精霊」「精気」などの日本語に置き換えうる言葉である。

25　ドイツ語の Sehnsucht は、「あこがれ」「思慕」「憧憬」「郷愁」「切望」「渇望」などの日本語に置き換えうる言葉である。

26　個々の言葉が辿ってきた歴史的経緯や、言葉同士の歴史的関連性などを鑑みた場合、習熟の度合いの個人差以外に浮かび上がってくる問題として、多義語と同音異義語の境界線の曖昧さというものがある。たとえば、ウィトゲンシュタインが例に出している「Bank」というドイツ語の言葉は、文脈によっては「銀行」とも「長椅子」とも訳しうる言葉である（LW1: 60）。そして、「銀行」と「長椅子」の間に類似性（意味的な関連性）を見出すことが困難であるがゆえに、「銀行」という意味の「Bank」と、「長椅子」という意味の「Bank」は、普通は同音異義語として見なされる。しかし、歴史的には、「銀行」という意味は「長椅子」から派生したことが知られている。（十二世紀のイタリアで、両替商が長い台を使用していたことが由来だという。）この点を考慮するなら、「Bank」は「銀行」でも「長椅子」でもありうる多義性をもつ、と言いうる余地が生じてくる。こうした多義語と同音異義語の境界線の曖昧さに関しては、たとえば中野（二〇一七：10－13）を参照してほしい。

27　もちろん、「意味」という言葉はそれ自体、多面性をもつ多義的な言葉であり、日常生活で用いられる仕方も多岐にわたる。たとえば、行為の意図をめぐるもの――「そういう意味でやったんじゃない」とか、「君のやっていることの意味がわからない」といった用法――や、あるいは、その価値や重要性をめぐるもの――「君がやっていることに意味があるのか？」とか、「これ以上やってもあまり意味はない」といった用法――等々である。ここで確認しているのは、すでに母語を習得している者同士が言葉に関して「意味」という言葉を用いるのは、主に、一方が意味を問い（あるいは、意味がわからないとか意味が通らないなどと不満を言い）、他方がそれに対して意味を説明するという場面だ、ということである。

第3章

28　ちなみに、結局このヤホダ・ジーゲル社は、技術的な理由により出版できない、という回答をウィトゲンシュタインに送っている（B: 83）。その後も、『論理哲学論考』の刊行を引き受ける出版社はなかなか現れず、ウィトゲンシュタインは苦心を重ねることになる。

29 ただし、ドイツ南部やオーストリアでは、前置詞aufや、まれにanが、vergessenとともに用いられることもあるという。（小学館『独和大辞典』第二版）

30 ただし、「全然」が否定を伴わない言い方は、江戸時代や明治時代には普通に見られたものであり、誤用ではないという意見も根強い。少なくとも、『広辞苑』（第七版）や『大辞林』（第三版）などの国語辞典では「全然＋肯定的な表現」の組み合わせは、話し言葉での俗な用法、くだけた言い方として位置づけられている。

31 二〇一七年四月十九日、安倍晋三首相は、「『そもそも』の意味を辞書で調べると『基本的に』という意味もある」と答弁した。疑問の声が挙がると、政府は五月十二日の閣議で、「『そもそも』には辞書で『（物事の）どだい』という意味があり、『どだい』には『基本』の意味がある」として、先の首相の答弁を正当化する答弁書を決定した。この、「どだい」をいわば媒介にするかたちで「そもそも」と「基本的に」の意味を同じとする閣議決定について、翌日の毎日新聞が朝刊で、「文法的に『どだい』無理」という皮肉の効いた批判を展開している。

32 なお、この論集『言葉』が実際に出版されたのは、クラウスの死の翌年、一九三七年である。

33 たとえば、二〇一八年一月刊行の『広辞苑』第七版では、「やばい」に、「のめり込みそうである」という語義が新たに追加されている。

34 一例として、小関悠「辺境社会研究室」（https://youkoseki.tumblr.com/post/140023321480/heyoungworld　※最終閲覧日 二〇一八年二月一日）など

35 ここで言われる「形態学」とは何かについては、本書の註19を参照してほしい。

文献表

【外国語】

Bacon, Francis (1620), *Novum Organum.*（F・ベーコン『ノヴム・オルガヌム』、桂寿一訳、岩波文庫、一九七八年）

Bourdieu, Pierre (2002), *Interventions, 1961-2001: Science sociale et Action politique*, F. Poupeau & T. Discepolo (dir.), Agone, pp. 374-381.（P・ブルデュー「カール・クラウスのアクチュアリティ――象徴支配と闘う教本」『介入――社会科学と政治行動　1961-2001 Ⅱ』櫻本陽一訳、藤原書店、二〇一五年、497-505頁）

Bouveresse, Jacques (2006), "« Apprendre à voir des abîmes là où sont des lieux communs » : Le satiriste & la pédagogie de la nation" in *Agone, NÂ° 35/36: Les guerres de Karl Kraus*, pp. 107-131.（J・ブーヴレス「「常套句があるところに深淵を見る術を学ぶこと」――犠牲と国民教育」合田正人訳、『思想』第一〇五八号、岩波書店、二〇一二年、61-82頁）

Davidson, Donald, ([1978] 2001), "What Metaphors Mean" in his *Inquiries into Truth and Interpretation* 2nd. ed., pp. 245-264. (First published in *Critical Inquiry*, 5, 1978.)（D・デイヴィドソン「隠喩の意味するもの」『真理と解釈』野本和幸・植木哲也・金子洋之・髙橋要訳、勁草書房、一九九一年、262-296頁）

Engelmann, Paul (1970), *Ludwig Wittgenstein: Briefe und Begegnungen*, Oldenbourg.

Faust, V. C. (1947), „Über Gestaltzerfall als Symptom des parieto-occipitalen Übergangsgebiets bei doppelseitiger Verletzung nach Hirnschuß" in *Nervenarzt*, 18, S. 103-115.

Goethe, J. W. v. ([1812]1998), *Goethes Werke,* Hamburger Ausgabe Band 9 : Autobiographische Schriften I, Erich Trunz (Hg.), Deutscher Taschenbuch Verlag, 1998.（『ゲーテ全集　新装普及版9――自伝』山崎章甫・河原忠彦訳、潮出版社、二〇〇三年）

Hänsel, Ludwig (1994), *Ludwig Hänsel - Ludwig Wittgenstein: Eine Freundschaft,* I. Somavilla, A. Umerkircher & C. P. Berger (Hg.), Haymon Verlag.

Hitler, Adolf (1939), *Mein Kampf,* Band I.（A・ヒトラー『わが闘争（上）――I　民族主義的世界観』平野一郎・将積茂訳、角川文庫、一九七三年）

Hofmannsthal, H. von ([1896] 1979), „Poesie und Leben" in ders. *Gesammelte Werke: Reden und Aufsätze I,* B. Schoeller (Hg.), Fischer Taschenbuch Verlag, S. 13-19.（H・v・ホーフマンスタール「詩と生活」富士川英郎訳、〈ホーフマンスタール選集3〉、河出書房新社、一九七二年、61－67頁）

――([1902] 1979), „Ein Brief" in ders. *Gesammelte Werke: Erzählungen - Erfundene Gespräche und Briefe - Reisen,* B. Schoeller (Hg.), Fischer Taschenbuch Verlag, S. 461-472.（H・v・ホフマンスタール〔ホーフマンスタール〕「チャンドス卿の手紙」『チャンドス卿の手紙　他十篇』檜山哲彦訳、岩波文庫、一九九一年、101－121頁）

――([1904] 1979), „Das Gespräch über Gedichte" in ders. *Gesammelte Werke: Erzählungen - Erfundene Gespräche und Briefe - Reisen,* S. 495-509.（H・v・ホフマンスタール「詩についての対話」『チャンドス卿の手紙　他十篇』、123－154頁）

――([1907-08] 1979), „Die Briefe des Zurückgekehrten" in ders. *Gesammelte Werke: Erzählungen - Erfundene Gespräche und Briefe - Reisen,* S. 544-571.（H・v・ホフマンスタール「帰国者の手紙」『チャンドス卿の手紙　他十篇』、173－224頁）

James, William (1890), *The Principles of Psychology,* Vol. 1.

Malcolm, Norman (1984): *Ludwig Wittgenstein: A Memoir*, 2nd edition, Clarendon Press.（N・マルコム『ウィトゲンシュタイン――天才哲学者の思い出』板坂元訳、平凡社ライブラリー、一九九八年）

Mauthner, Fritz (1901-02), *Beiträge zu einer Kritik der Sprache*, 3 Bände.

——(1910), *Wörterbuch der Philosophie: Neue Beiträge zu einer Kritik der Sprache*, 2 Bände.

McGuinness, Brian (1988), *Wittgenstein: A Life: Young Ludwig, 1889-1921*, University of California Press.（B・マクギネス『ウィトゲンシュタイン評伝――若き日のルートヴィヒ　１８８９－１９２１』藤本隆志・宇都宮輝夫・今井道夫・髙橋要訳、法政大学出版局、一九九四年）

Monk, Ray (1991), *Ludwig Wittgenstein: The Duty of Genius*, repr. ed., Penguin Books.（R・モンク『ウィトゲンシュタイン――天才の責務』〔１〕岡田雅勝訳、みすず書房、一九九四年）

Orwell, George ([1946] 1968), "Politics and the English Language" in his *The Collected Essays, Journalism and Letters of George Orwell*, vol. IV, S. Orwell & I. Angus (eds.), Secker & Warburg, pp. 127-140.（G・オーウェル「政治と英語」工藤昭雄訳、『水晶の精神――オーウェル評論集２』川端康雄編、平凡社ライブラリー、一九九五年、９－34頁）

Sartre, Jean-Paul (1938), *La Nausée*, Gallimard.（J－P・サルトル『嘔吐』鈴木道彦訳、人文書院、二〇一〇年）

Schopenhauer, Arthur (1851), *Über Schriftstellerei und Stil*.（A・ショーペンハウアー〔ショウペンハウエル〕「著作と文体」『読書について　他二篇』斎藤忍随訳、岩波文庫、一九八三年、25－125頁）

Searle, John (1980), "Minds, Brains, and Programs" in *Behavioral and Brain Sciences*, 3, pp. 417-424.

Stern, Martin (Hg.) (1978), „Hofmannsthal - Mauthner, Fritz. Der Briefwechsel" in *Hofmannsthal-Blätter* 19/20, S. 21-38.

Toulmin, Stephen and Janik, Allan (1973), *Wittgenstein's Vienna*, Simon and Schuster.（S・トゥールミン、A・ジャニク『ウィトゲンシュタインのウィーン』藤村龍雄訳、平凡社ライブラリー、二〇〇一年）

【日本語】
アンデルセン、H・C（一九八一）、『アンデルセン詩集』〈世界の詩73〉山室静訳、彌生書房。
大石五雄（二〇〇七）、『英語を禁止せよ——知られざる戦時下の日本とアメリカ』、ごま書房。
開高健（一九八五）、「私の文章修業」『食後の花束』、角川文庫、64－68頁。
木田元（［二〇〇二］二〇一四）、『マッハとニーチェ——世紀転換期思想史』、講談社学術文庫。（初出：新書館、二〇〇二年）
木下康光（一九九三）、「エロスとしての言葉——カール・クラウスの言語観」『言葉』〈カール・クラウス著作集 7・8〉武田昌一・佐藤康彦・木下康光訳、法政大学出版局、771－772頁。
木村裕一（二〇一四）、「世紀転換期における言語危機の演出——フリッツ・マウトナー、フーゴ・フォン・ホーフマンスタール、フランツ・カフカにおける境界的空間と例外的形象」、学習院大学大学院人文科学研究科博士課程学位論文。
九鬼周造（［一九三〇］二〇〇三）、『「いき」の構造』、講談社学術文庫。（初出：岩波書店、一九三〇年）
——（［一九三五］二〇一二）、『偶然性の問題』、岩波文庫。（初出：岩波書店、一九三五年）
国木田独歩（［一八九八］一九七八）、「死」『定本　国木田独歩全集　第二巻〔増訂版〕』、学習研究社、139－155頁。（初出：『国民之友』、民友社、一八九八年）
グレーヴェ、グドウルン（二〇〇六）、「「玉ねぎ魚」現象とドイツ語の新正書法について」『立命館言語文化研究』第18巻第1号、145－155頁。
河野英二（二〇一二a）、「「伝達」と「造形」のあいだ——カール・クラウスの遺著『言葉』再読」『思想』第一〇五八号、岩波書店、217－239頁。

――（二〇一二b）、「カール・クラウス生涯年譜」『思想』第一〇五八号、岩波書店、415－436頁。

小林秀雄（［一九七九］二〇〇七）、「本居宣長補記Ⅰ」『本居宣長 改版（下）』、新潮文庫、261－314頁。（初出：『新潮』、新潮社、一九七九年）

嶋崎隆（二〇一二）、「「オーストリア哲学」の独自性とフリッツ・マウトナーの言語批判」『一橋大学人文・自然研究』第6号、121－179頁。

竹内整一（［一九九七］二〇一六）、『「やさしさ」と日本人――日本精神史入門』、ちくま学芸文庫。（初出：『日本人は「やさしい」のか――日本精神史入門』、ちくま新書、一九九七年）

瀧川一幸・クノル、クラウス・ペーター（一九九六）、「ドイツ語正書法の改正について――歴史、背景、改正点等」『香川大学経済論叢』第69巻第1号、61－112頁。

中野弘三（編著）（二〇一七）、『語はなぜ多義になるのか――コンテキストの作用を考える』、朝倉書店。

中村直子（二〇一二）、「ドイツ語正書法改革、法学者、言語に関する一考察」『言語文化学研究（言語情報編）』第7号、15－25頁。

二木紘三（一九九四）、『国際共通語の夢』、筑摩書房。

西村雅樹（一九九五）、『言語への懐疑を超えて――近・現代オーストリアの文学と思想』、東洋出版。

野家啓一（一九九三）、『無根拠からの出発』、勁草書房。

平野嘉彦（一九九四）、「唯名論もしくは「神なき神秘説」――マウトナーの言語批判論をめぐって」『現代思想』22－2、青土社、192－199頁。

古田徹也（二〇一二）、「言葉の絵画性――デイヴィドソンのメタファー論再考」『お茶の水女子大学人文科学研究』第8巻、1－12頁。

――（二〇一六）、「形態学としてのウィトゲンシュタイン哲学――ゲーテとの比較において」『これからのウィトゲンシュタイン――刷新と応用のための14篇』荒畑靖宏・山田圭一・古田徹也編著、リベルタス出版、135－152頁。

水上藤悦（一九九四）、「マウトナーの言語論と世紀末文学」『千葉大学人文研究』第23号、239－272頁。

森鷗外（［一九〇九］一九七三）、「仮名遣意見」『鷗外全集』第26巻、岩波書店、270－292頁。（初出：「臨時假名遣調査委員會議事速記録」、一九〇九年）

安田敏朗（二〇一六）、『漢字廃止の思想史』、平凡社。

山田圭一（二〇一五）、「アスペクトの転換において変化するもの――ウィトゲンシュタインの二つのアスペクトの分析を通じて」『画像と知覚の哲学――現象学と分析哲学からの接近』小熊正久・清塚邦彦編著、東信堂、205－223頁。

あとがき

先人たちが紡いだ文章を切り刻み、並べ替え、長い言葉を継ぎ足して、いったい何をやっているのだろう。それが、中島敦とホーフマンスタールという卓越した作家の文章であれば、なおさら自分で疑問が湧いてくる。

それでも、本書でそうした無粋な作業を続けたのは、それによってはじめて強調が置かれ、多くの人々の注意を惹くことがありうるような微妙な論点が、今回取り上げた作家や哲学者の著作に確かに埋もれているように思われたからだ。とりわけ、（中島とホーフマンスタールには損な役回りをさせつつも）この機会にウィトゲンシュタインとクラウスの著作から切り出した断章は、本人たちが強くそこにこだわっているにもかかわらず、ほとんど顧みられていないように思われた。そして、そのような忘れられた断章は、まさにいまの時代にこそ、ぜひとも光を当てなければならない重要なものだという思いがあった。この確信が正しかったかどうかは、もはや読者諸氏の判断に委ねるべき事柄だろう。

＊　＊　＊

本書が生まれる経緯を振り返ると、その発端は二〇一一年の春頃、熊野純彦先生のご紹介で講談社の上田哲之さんとはじめてお会いした時点まで遡る。もう七年前になる。

そのときは、上田さんの担当で何か一般書を出そうという話になっていた。だが、それから実際には大部の翻訳の仕事を上田さんと相次いで二冊進めることになり、また、それと並行してほかの出版社の方々との仕事も入った結果、当初の企画は長く中断することになった。

その後、件の二冊の訳書、『ウィトゲンシュタインの講義　数学の基礎篇』（二〇一五年）と『ラスト・ライティングス』（二〇一六年）を無事に世に送り出すことができ、それから本格的に本書の執筆を始めた。構成にときに難渋しつつも、上田さんの的確なアドバイスを得ながら、とにかく類書のない内容の本に仕上がったとは思う。この間、上田さんのご尽力には感謝の言葉もない。七年前の約束をようやく果たせたことに、いまは安堵している。また、企画が立ち上がる最初のきっかけをつくってくださった熊野先生にも、あらためて御礼申し上げたい。

それから、本書の内容にかかわる研究にはＪＳＰＳ科研費１５Ｋ１６６０３の助成があったほか、原稿を仕上げる際には講談社校閲部のご尽力があった。以上の点に関しても、関係するすべての方に謝意を表したい。

＊　＊　＊

最後に、もう少しだけ過去を懐かしむことを許していただきたい。

二〇〇〇年、大学三年生のときに、佐藤康邦先生の倫理学概論の講義を受けた。それは「形態と倫理」という副題が付されたもので、形態（かたち）をめぐるプラトンやカント、ヘーゲル、ニーチェらの議論、さらには絵画や彫刻、音楽等の芸術も題材にしながら、倫理学の問題圏にアプローチしていく内容だった。いま無闇に推奨されがちな「分かりやすい」「標準的な」講義などではない、ユニークでスケールの大きな講義だった。

「形態（かたち）」という概念自体が極めて豊かな広がりをもちうること、かたちと倫理を結びつけるという視座がありうること——それらは当時の私の頭には全くなかったことだ。そのときの、まさに蒙を啓かれるような体験がなければ、本書で展開したような、かたち（ゲシュタルト）をめぐる着想が自分のなかから生まれることはありえなかっただろう。

以来、佐藤先生には現在に至るまで長く教えを請うてきた。思い起こせば、あるとき「文字禍」の解釈について、私に唐突に問い合わせてこられたのも先生だった。そのときはたいした返答もできず、話自体はそれきりで終わってしまったが、クラウスとウィトゲンシュタインをめぐって私が思い描きつつあったテーマとのつながりを、鋭く看取されてのことだったのだろう。

本書が、そうした学恩に少しでも応えるものになっていることを願う。その意味で本書は、個人的には、学部時代から十八年越しに佐藤先生に提出する長大なレポートでもある。

二〇一八年二月

古田徹也

［た］

［は］

［ま］

［や］

［ら］

［ま］

［ら］

事項索引

［あ］

［か］

［さ］

索引

斜体の数字は註のページを表す。

人名索引

[あ]

[か]

[さ]

[た]

[な]

[は]

古田徹也（ふるた・てつや）

一九七九年生まれ。東京大学大学院人文社会系研究科博士課程修了。博士（文学）。新潟大学准教授、専修大学准教授を経て、現在、東京大学大学院准教授。専攻は、哲学・倫理学。「言語」「心」「行為」を手がかりに研究を進める。

主な著書に、『はじめてのウィトゲンシュタイン』（NHKブックス）、『不道徳的倫理学講義——人生にとって運とは何か』（ちくま新書）、『ウィトゲンシュタイン　論理哲学論考』（角川選書）、『それは私がしたことなのか——行為の哲学入門』（新曜社）、訳書にウィトゲンシュタイン『ラスト・ライティングス』（講談社）、共訳書にコーラ・ダイアモンド編『ウィトゲンシュタインの講義　数学の基礎篇』（講談社学術文庫）などがある。

言葉《ことば》の魂《たましい》の哲学《てつがく》

二〇一八年　四月一〇日　第一刷発行
二〇二三年　四月　四日　第七刷発行

著者　古田《ふるた》徹也《てつや》

発行者　鈴木章一
発行所　株式会社講談社
東京都文京区音羽二丁目一二―二一　〒一一二―八〇〇一
電話（編集）〇三―三九四五―四九六三
（販売）〇三―五三九五―四四一五
（業務）〇三―五三九五―三六一五

装幀者　奥定泰之
本文データ制作　講談社デジタル製作
本文印刷　信毎書籍印刷株式会社
カバー・表紙印刷　半七写真印刷工業株式会社
製本所　大口製本印刷株式会社

KODANSHA

ISBN978-4-06-258676-4　Printed in Japan　N.D.C.100　249p　19cm

講談社選書メチエ　刊行の辞

書物からまったく離れて生きるのはむずかしいことです。百年ばかり昔、アンドレ・ジッドは自分にむかって「すべての書物を捨てるべし」と命じながら、パリからアフリカへ旅立ちました。旅の荷は軽くなかったようです。ひそかに書物をたずさえていたからでした。ジッドのように意地を張らず、書物とともに世界を旅して、いらなくなったら捨てていけばいいのではないでしょうか。

現代は、星の数ほどにも本の書き手が見あたります。読み手と書き手がこれほど近づきあっている時代はありません。きのうの読者が、一夜あければ著者となって、あらたな読者にめぐりあう。その読者のなかから、またあらたな著者が生まれるのです。この循環の過程で読書の質も変わっていきます。人は書き手になることで熟練の読み手になるものです。

選書メチエはこのような時代にふさわしい書物の刊行をめざしています。

フランス語でメチエは、経験によって身につく技術のことをいいます。道具を駆使しておこなう仕事のことでもあります。また、生活と直接に結びついた専門的な技能を指すこともあります。

いま地球の環境はますます複雑な変化を見せ、予測困難な状況が刻々あらわれています。

そのなかで、読者それぞれの「メチエ」を活かす一助として、本選書が役立つことを願っています。

一九九四年二月　　野間佐和子

ヘーゲル『精神現象学』入門　長谷川　宏
カント『純粋理性批判』入門　黒崎政男
知の教科書　ウォーラーステイン　川北　稔編
人類最古の哲学　カイエ・ソバージュI　中沢新一
熊から王へ　カイエ・ソバージュII　中沢新一
愛と経済のロゴス　カイエ・ソバージュIII　中沢新一
神の発明　カイエ・ソバージュIV　中沢新一
対称性人類学　カイエ・ソバージュV　中沢新一
知の教科書　スピノザ　C・ジャレット　石垣憲一訳
知の教科書　ライプニッツ　F・パーキンズ　梅原宏司・川口典成訳
知の教科書　プラトン　M・エルラー　三嶋輝夫ほか訳
フッサール　起源への哲学　斎藤慶典
完全解読　ヘーゲル『精神現象学』　竹田青嗣　西　研
完全解読　カント『純粋理性批判』　竹田青嗣
分析哲学入門　八木沢　敬
ドイツ観念論　村岡晋一
ベルクソン＝時間と空間の哲学　中村　昇

精読　アレント『全体主義の起源』　牧野雅彦
九鬼周造　藤田正勝
夢の現象学・入門　渡辺恒夫
ヨハネス・コメニウス　相馬伸一
アダム・スミス　高　哲男
ラカンの哲学　荒谷大輔
解読　ウェーバー『プロテスタンティズムの倫理と資本主義の精神』　橋本　努
新しい哲学の教科書　岩内章太郎
アガンベン《ホモ・サケル》の思想　上村忠男
使える哲学　荒谷大輔
極限の思想　バタイユ　佐々木雄大
極限の思想　ニーチェ　城戸　淳
極限の思想　ドゥルーズ　山内志朗
極限の思想　ハイデガー　高井ゆと里
極限の思想　サルトル　熊野純彦
〈実存哲学〉の系譜　鈴木祐丞

「民都」大阪対「帝都」東京　原　武史
文明史のなかの明治憲法　瀧井一博
喧嘩両成敗の誕生　清水克行
日本軍のインテリジェンス　小谷　賢
近代日本の右翼思想　片山杜秀
アイヌの歴史　瀬川拓郎
宗教で読む戦国時代　神田千里
本居宣長『古事記伝』を読むⅠ～Ⅳ　神野志隆光
アイヌの世界　瀬川拓郎
吉田神道の四百年　井上智勝
戦国大名の「外交」　丸島和洋
町村合併から生まれた日本近代　松沢裕作
源実朝　坂井孝一
満蒙　麻田雅文
〈階級〉の日本近代史　坂野潤治
原敬（上・下）　伊藤之雄
大江戸商い白書　山室恭子

戦国大名論　村井良介
〈お受験〉の歴史学　小針　誠
福沢諭吉の朝鮮　月脚達彦
帝国議会　村瀬信一
「怪異」の政治社会学　高谷知佳
大東亜共栄圏　河西晃祐
永田鉄山軍事戦略論集　川田　稔編・解説
享徳の乱　峰岸純夫
大正＝歴史の踊り場とは何か　鷲田清一編
近代日本の中国観　岡本隆司
昭和・平成精神史　磯前順一
叱られ、愛され、大相撲！　胎中千鶴
武士論　五味文彦
鷹将軍と鶴の味噌汁　菅　豊